Welche Sprache spricht Gott?

Thomas Bauer, Alfred Bodenheimer,
Michael Seewald

Welche Sprache spricht Gott?

Versuche aus Judentum, Christentum und Islam

Prof. Dr. Thomas Bauer lehrt Islamwissenschaft und Arabistik an der Universität Münster.

Prof. Dr. Alfred Bodenheimer lehrt Religionsgeschichte und Literatur des Judentums an der Universität Basel.

Prof. Dr. Michael Seewald lehrt Dogmatik und Dogmengeschichte an der Universität Münster.

Die Deutsche Nationalbibliothek verzeichnet diese Publikation in der Deutschen Nationalbibliografie; detaillierte bibliografische Daten sind im Internet über www.dnb.de abrufbar.

wbg Theiss ist ein Imprint der wbg.

Die Herausgabe des Werkes wurde durch die Vereinsmitglieder der wbg ermöglicht.
Layout und Satz: Arnold & Domnick, Leipzig
Umschlagabbildung: Byzantinische Buchmalerei, © Bibliothéque Nationale Paris/akg-images; erster Absatz des Esterbuchs, © Israel Talby/akg-images; Ausblendung aus Sure 9, Vers 5-9.
Umschlaggestaltung: Finken & Bumiller, Stuttgart
Gedruckt auf säurefreiem und alterungsbeständigem Papier
Printed in Europe

Besuchen Sie uns im Internet: www.wbg-wissenverbindet.de

ISBN 978-3-8062-4494-6

Elektronisch sind folgende Ausgaben erhältlich:
eBook (PDF): ISBN 978-3-8062-4495-3
eBook (epub): ISBN 978-3-8062-4497-7

Inhalt

Warum wir drei Essays über die Sprache Gottes geschrieben haben

Thomas Bauer, Alfred Bodenheimer, Michael Seewald

Judentum, Christentum und Islam setzen voraus, dass Gott spricht. Ihren Ursprung, ihre Legitimation und ihre letzte Wahrheit führen sie auf eine höhere Macht zurück, die menschlichem Zugriff entzogen bleibt, aber sich den Menschen dennoch mitteilt. Der Hinweis, dieses oder jenes sei geoffenbart, lässt sich einerseits benutzen, um den eigenen Geltungsansprüchen Vorrang gegenüber anderen Glaubens- und Denkweisen einzuräumen. Andererseits kann ein Begriff wie „Offenbarungsreligion"[1], zumal seit der Aufklärung, aber auch in eine Dualität eingebettet werden, in der er eine negative Bedeutung annimmt. Das geschieht dort, wo Offenbarungs- und Vernunftreligion einander gegenübergestellt werden.[2] Das Prädikat „Offenbarungsreligion" wäre dann keine Auszeichnung einer von höherer Wahrheit beseelten Glaubensgemeinschaft mehr, sondern Ausdruck mangelnden Vernunftgebrauchs.

Positiv gewendet drückt der Begriff der Offenbarung jedoch drei Aspekte aus, die für das Judentum, das Christentum und den Islam gleichermaßen, wenn auch nicht in derselben Weise, von Bedeutung sind.

Er setzt erstens voraus, dass Gott transzendent, jenseitig ist. Wie diese Transzendenz genau zu denken sei, ist nicht nur zwischen den Religionen, sondern auch innerhalb der denkerischen Vielfalt umstritten, die die drei Religionen in ihrem Inneren prägt. Die erkenntnismäßigen Folgen der Transzendenz Gottes sind es hingegen weniger: Das natürliche Erkenntnisvermögen des Menschen mag ausreichen, um sich einen Begriff von Gott zu bilden und diesen Begriff mit bestimmten Eigenschaften (Allmacht, Allwissenheit oder Ewigkeit) zu versehen. Das Erkenntnisvermögen allein reicht jedoch nicht aus, um Gott im personalen Sinne als ein in den Gang seiner Schöpfung involviertes Wesen zu erfassen.

Deshalb, so die zweite Annahme, die Judentum, Christentum und Islam teilen, gibt Gott sich über das hinaus, was die Vernunft des Menschen kraft eigener Anstrengung von ihm erfassen kann, selbst zu erkennen. Dieser Akt des Sich-zu-Erkennen-Gebens Gottes wird als Offenbarung bezeichnet. Nicht ohne Verlegenheit greifen die drei Religionen dort, wo sie versuchen, die Frage zu beantworten, wie man sich das Geschehen der Offenbarung vorstellen solle, auf Analogien der zwischenmenschlichen Kommunikation zurück, vor allem auf den Akt der Rede, die Tätigkeit des Sprechens und das Phänomen der Sprache.

Die Verlegenheit, die dem Satz „Gott spricht" zu eigen ist, deutet einen dritten Aspekt an: Offenbarung wird in Judentum, Christentum und Islam nicht so verstanden, als trete Gott der Dunkelheit des menschlichen Geistes im Lichtkegel des Glaubens in restloser Klarheit entgegen. Die Entzogenheit und die Zugänglichkeit Gottes durchdringen sich wechselseitig und werden auch dort, wo von Offenbarung die Rede ist, nicht aufgehoben. So haben Offenbarungsreligionen sich einerseits mit dem zu befassen, was etwa im Rahmen einer philosophischen Gotteslehre auch außerhalb des Bezugs auf Offenbarung an Sinnvollem über Gott gesagt werden kann. Sie haben andererseits damit umzugehen, dass zum Glauben an einen redenden Gott die Erfahrung des schweigenden Gottes gehört.

Diese Gleichzeitigkeit zwischen einem verborgenen Gott, einem offenbaren Gott und einem Gott, der sich in seiner Offenbarkeit verbirgt (und sich vielleicht auch in seiner Verborgenheit enthüllt), ist eine Triebfeder religiöser Gelehrsamkeit. Die intellektuellen Leistungen dieser Gelehrsamkeit sind beeindruckend – und zwar über die je eigene Glaubensgemeinschaft hinausgehend und wahrscheinlich auch jenseits der Frage, ob man selbst an Gott glaubt oder nicht. Um die Versuche jüdischen Denkens, den Glauben an die Treue Gottes auch im Angesicht des Katastrophischen zu vertreten, um die Wortspekulationen christlicher Logostheologie und die ausgefeilte Linguistik islamischer Sprachphilosophie wertschätzen zu können, braucht man vermutlich, um ein viel zitiertes Wort Max Webers abzuwandeln, ein wenig an religiöser Musikalität; ein religiöser Virtuose, der, wie Weber sagen würde, „seelische Bauwerke religiösen Charakters“[3] errichtet, muss man dazu jedoch nicht sein.

Die folgenden drei Beiträge sind Essays. Essays sind tentativ, assoziativ und subjektiv. Sie bleiben tentativ in dem Sinne, dass sie ein Problem nicht erschöpfend behandeln und erst recht nicht abschließend lösen. Essays werfen vielmehr Schlaglichter auf Themen, die eigentlich zu groß sind, um im Rahmen eines Aufsatzes behandelt zu werden, aber auch zu interessant erscheinen, um nicht über sie zu schreiben. Diesem Dilemma begegnen sie, indem sie assoziativ voranschreiten. Assoziativ bedeutet nicht beliebig, sondern bezeichnet ein Vorgehen, bei dem Dinge verbunden werden, deren Verbindung (zumindest auf engem Raum) nicht zwingend erscheint, aber dennoch nachvollziehbar und sinnvoll ist. Essays sind daher subjektiv. Sie erschließen ein breit gefasstes Problem, indem sie es durch den Filter der Beschränktheit einer einzelnen Person tröpfeln lassen. Der tentative, assoziative und subjektive Charakter der drei in diesem Band vorgelegten Essays schließt aus, dass wir das jeweils Gesagte zu einer höheren Synthese vereinen. Zu versuchen, den Reichtum der in Judentum, Christentum und Islam zu findenden Vorstellungen über die Sprache(n) Gottes auf den gemeinsamen Nenner einer Idealsprache zu bringen, wäre töricht. Gleichwohl prägt diesen Band bei aller Unterschiedlichkeit der in ihm vereinten Beiträge die Absicht, die beiden eingangs genannten Schwierigkeiten zu meiden, welche mit Offenbarungsreligionen verbunden sein können: Offenbarung als Chiffre eigener Überlegenheit zulasten anderer Religionen und Offenbarung als Chiffre eines sich der Vernunft entziehenden religiösen Denkens.

Beide Ziele bedingen einander. Wo Angehörige verschiedener Religionen die Differenziertheit wahrnehmen, in der in ihren eigenen und in anderen religiösen Traditionen über Gott nachgedacht wird, besteht zumindest die Hoffnung, dass das Staunen über den hohen Komplexitätsgrad die Neigung zum schnellen Urteilen hemmt. In dieser Komplexität zeigt sich gerade dort, wo Judentum, Christentum und Islam den Glutkern ihres Glaubens verorten – in der Vorstellung eines sprechenden Gottes – eine intellektuelle Kreativität, die einen der Reize dieser Religionen als Objekte aufmerksamen Studierens ausmacht. Deshalb erscheint es uns lohnend zu fragen: Welche Sprache spricht Gott?

Anmerkungen

1 Zur Entwicklung dieses Begriffs vgl. Max Seckler: Was heißt Offenbarungsreligion? Eine semantische Orientierung. In: Ders., Glaubenswissenschaft und Glaube. Beiträge zur Fundamentaltheologie und zur Katholischen Tübinger Schule (Band 2: Im Spannungsfeld von Offenbarung und Religion. Zur Katholischen Tübinger Schule und zu Johann Sebastian Drey). Tübingen 2013, S. 115–130.

2 Vgl. Gottfried von Fellenberg: Ueber das Verhältniß von Offenbarungs- und Vernunftreligion bei Kant und Lessing. Erlangen 1883, S. 8f.

3 Max Weber: Brief an Ferdinand Tönnies vom 19. Februar 1909. In: Max Weber Gesamtausgabe (Abteilung 2: Briefe, Band 6). Tübingen 1994, S. 63–66, hier S. 65: „Denn ich bin zwar religiös absolut ‚unmusikalisch' und habe weder Bedürfnis noch Fähigkeit, irgendwelche seelischen ‚Bauwerke' religiösen Charakters in mir zu errichten – das geht einfach nicht, resp. ich lehne es ab."

Illuminierte Titelseite einer Handschrift aus dem Jahr 1400 des „Sefer Ahava" (Buch der Liebe), des zweiten Bands der vierzehnbändigen Halachasammlung und -erörterung Mischne Tora *des Maimonides (zw. 1235 und 1238–1204). Das über den Text gestellte Motto ist ein Zitat aus Psalm 119, Vers 97 und bedeutet: „Wie lieb ich deine Lehre! Meine Rede ist sie den ganzen Tag." (Bildnachweis: Universitätsbibliothek Jerusalem/akg-images)*

הלכות ק״ש
מה אהבתי תורתך כל היום
היא שיחתי
ספר שני
והוא ספר
אהבה

Die drei Sprachen Gottes im Judentum: Gesetz, Geist und Geschichte

Alfred Bodenheimer

Einleitung

Wer selbst keine Macht hat, braucht einen umso mächtigeren Gott. Und er braucht einen Gott, dessen Macht, da sie in territorialer Konzentration und Ausbreitung oder kriegerischen Erfolgserlebnissen seiner Anhängerinnen und Anhänger nicht festzumachen ist, umso deutlicher einerseits den Kosmos, andererseits das Leben der Gläubigen umfasst, sowohl der Individuen wie des Kollektivs. Das war über weite Strecken der Geschichte die Realität, unter der die jüdische Gemeinschaft lebte.

Die Sprache dieses Gottes, so vielfältig sie in der jüdischen Geschichte auftritt, ist immer mit einer Vielzahl von Eigenschaften aufgeladen. Sie ist allumfassend und intim, entzogen und bis ins Detail lebensbestimmend, stumm und unüberhörbar laut. Es ist die Stimme eines Gottes, der erst zum Gott der Juden wird, als die Juden selbst zu Juden werden. Diesen Termin zu bestimmen, ist auf das Jahr genau möglich. Es ist das Jahr 586 v. u. Z., in dem der Salomonische Tempel in Jerusalem zerstört wird und eine Massendeportation vor allem der Eliten Judäas in das Babylonische Reich stattfindet, während andere Gruppen in den Süden nach Ägypten emigrieren. Was zuvor eine territorial homogene Bevölkerung mit einem kultischen Zentrum war, einem unsichtbaren Gott verbunden, dessen Präsenz vom Volk und seinen Herrschern oft verdrängt und von Propheten wieder beschworen wurde und dessen Wirken in der Welt vor allem mit Bezug auf Wohl und Wehe des eigenen Landes definiert war, wandelte sich nun – und für immer – in eine weithin zerstreute Gemeinschaft, die überall, wo sie lebte, unter fremder Herrschaft stand, meist selbst im Land ihrer Herkunft. Entsprechend fragil und prekär war ihre Existenz – und dies gar nicht immer primär des Antijudaismus wegen, sondern weil der Sog umgebender Gesellschaften und ihrer Kultur oft beträchtlich war, während die Konversion zum Judentum kaum je Dimensionen annahm, die die Verhältnisse nachhaltig hätten verändern können.

Die Entstehung des Judentums in der Form, die seither seinen Namen und seine Identität ausmacht, ist also untrennbar verbunden mit dem konstanten Einwirken einer mächtigen Zentrifugalkraft der möglichen Auflösung, der es sich entgegenstemmt, um überhaupt weiterzubestehen. Um die dafür entsprechende Kohäsion zu schaffen, war es von allerhöchster Bedeutung, der Defizienz empirischer Realität ein göttliches Gegenwicht der Sinnhaftigkeit gegenüberzustellen. Die Präsenz Gottes nicht nur in der Welt, sondern im eigenen Leben, Handeln und Hoffen, als Individuum wie als Gemeinschaft, war deshalb die Grundlage jüdischer Existenz. In der Folge soll gezeigt werden, dass es im Wesentlichen drei Ansätze gab, sich Gottes Gegenwart und Wirken zu versichern, drei Äußerungsformen oder eben „Sprachen" Gottes, aus denen die richtigen Schlüsse zu ziehen Aufgabe der Menschen, bzw. ganz spezifisch der jüdischen Gemeinschaft, war. Diese drei Sprachen können keinesfalls hermetisch voneinander abgegrenzt werden, sie interagieren und interferieren vielmehr stark, wie auch jüdische Religionsgeschichte nie frei vom Austausch mit der jeweiligen zeitgenössischen und örtlichen Umgebung war, was zu gegenseitiger Beeinflussung oder bewusster Abgrenzung führte.

Dennoch – oder gerade deshalb – bietet eine Benennung und Betrachtung der drei Sprachen Gottes im Judentum einen Anhaltspunkt, um Konstanten und Brüche im jüdischen Denken und letztlich in der jüdischen Geschichte, nicht zuletzt auch die Gegenwart des Judentums, insgesamt besser verstehen und einordnen zu können.

Die drei Sprachen Gottes lassen sich unter den Begrifflichkeiten Gesetz, Geist (bzw. Kosmos) und Geschichte einordnen. In sich sind diese Sprachen jeweils auch Objekt der Interpretation – ja, die Interpretationen sind es erst, die sie zum Klingen bringen. Dabei geht es der Rezeptions- und Interpretationsgemeinschaft mitnichten immer vorrangig darum, Gott zu „verstehen", sondern oft genug auch darum, selbst zu einer Art Resonanzraum des göttlichen Sprechens zu werden – ein Auftrag, der weit mehr als ein passives Anerkennen göttlicher Autorität auslöst. Vielmehr stellt er die Gemeinschaft der Gläubigen in den stetigen Dienst Gottes – indem faktisch nur sie selbst die Erfüllung der in Gottes Sprechen enthaltenen Botschaften leisten können.

Die Entwicklung dieser drei Sprachen nach der Zerstörung des Ersten Tempels ist ein komplexer, lange andauernder Prozess, der von der Loslösung der bis dahin bekannten Modelle jüdischen (oder judäischen) Selbstverständnisses zu ersten Ansätzen einer neuen Auslegeordnung führt. Ihre Spuren sind in der Bibel in den Büchern Esra sowie bei den Propheten Haggai, Secharja und Maleachi und im 2. Chronikbuch zu finden. In den Jahrzehnten nach der Deportation besiegter Judäerinnnen und Judäer nach Babel wird das babylonische Weltreich vom persischen besiegt, und dessen Herrscher sind einer Rückkehr der Verschleppten in ihre Heimat gegenüber aufgeschlossen. In der Folge ist es ein direkter Nachkomme des Davidischen Königshauses, Zerubavel, der – als vom persischen König eingesetzter Gouverneur – eine Gruppe von Juden mobilisiert, nach Jerusalem kommt und die Wiedererrichtung des Tempels anstößt, der (nach einigen Verzögerungen und Verwerfungen) auch fertiggebaut und im Jahr 516 v. u. Z. eingeweiht wird.

Mit dem Buch des Propheten Maleachi, der in der Zeit nach dem Wiederaufbau des Zweiten Tempels wirkt, endet aus jüdischer Sicht die Epoche des Prophetentums, also des unmittelbar von Gott inspirierten menschlichen Sprechens. Wie es der Name Maleachi sagt (auf Hebräisch: mein Bote), spricht er im Namen Gottes, beklagt Missstände, fordert zu moralischem Handeln auf, wie wir es aus den Reden früherer Propheten kennen. Mit ihm tritt noch einmal der Prophet als „Sprachrohr" Gottes auf. Doch er operiert auf einer Zeitschwelle, in der einer unmittelbaren Offenbarungsrede keine Zukunft beschert ist. Der vollständige Verlust jüdischer Reichsautonomie und die Herrschaft fremder Mächte über Wohl und Wehe auch der heiligen Stätten sowie über die jüdische Bevölkerung weltweit, das offenbar dauerhafte Ausbleiben einer Verbindung von Tempel und politischer Reichsbildung rüttelte am Grundverständnis von Prophetie. Gefragt sein würde auf Dauer ein Konzept, das ein Überleben der Gemeinschaft sowohl in ihren lokalen Zellen wie in ihrer globalen Zerstreuung auf den Zielpunkt eines als messianisch umschriebenen Zeitpunkts hin sichern konnte.

Aufschlussreich wird die Gestalt des Maleachi vor allem dann, wenn man die Diskussionen in Betracht zieht, die einige Jahrhunderte später im Babylonischen Talmud (Traktat Megilla 15a) die Rabbinen über dessen Identität geführt haben. Der gar sehr funktional anmutende Name dieses Propheten und der Umstand, dass von ihm weder Herkunftsfamilie noch Vaterhaus erwähnt werden, führte zur Vermutung, es handle sich um das Pseudonym einer anderen biblischen Persönlichkeit. Ein Gelehrter meint, Maleachi sei Mordechai gewesen, eine der zentralen Gestalten aus dem Estherbuch, in dem (unter der Herrschaft eines Perserkönigs) das Volk der Juden aufgrund des Komplotts eines angesehenen Höflings von der Gefahr der Ausrottung bedroht ist und schließlich durch das beherzte Eingreifen der jüdischen Königin Esther gerettet wird. In diesem Buch, dem einzigen der Hebräischen

Bibel, das keinerlei unmittelbaren Bezug zu Gott aufweist, wird Mordechai mit dem Attribut „hajehudi“ (der Jude) bezeichnet – ein Begriff, der auf die Nichtbeheimatung in der persischen Diaspora verweist. Indem das Estherbuch damit beginnt, dass der Perserkönig an einem Bankett aus den einst von den Babyloniern erbeuteten Gefäßen des Jerusalemer Tempels trinkt und indem Mordechai als Exilierter bezeichnet wird, ist die ganze Fremdheit und Preisgegebenheit, die in der Bezeichnung „hajehudi“ steckt, offensichtlich.

Ein anderer Gelehrter des Talmud identifiziert Maleachi als Esra. Dieser aus dem Priestergeschlecht stammende Satrap des persischen Königs, der nach Vollendung des Tempels nach Jerusalem geschickt wird, trägt in der jüdischen Überlieferung den Titel „hassofer“ (der Schreiber). Er gilt als Schlüsselfigur für die Verlagerung der Gesetzesauslegung von der schriftlichen Tora (also den fünf Büchern Moses) in die mündliche, also die Durchsetzung des Primats jener Überlieferung, die dann, gestützt auf die Autorität Gottes als unmittelbarer Quelle, zur Basis des pharisäischen und später rabbinischen Diskurses wird. Ein Schreiber (man könnte wohl auch sagen: Kopist) verbreitet das bereits bekannte Material, er spricht nicht inspiriert, sondern interpretativ.

Die Mehrheit der Rabbinen erklärt hingegen in dieser talmudischen Diskussion lakonisch: „Sein Name ist Maleachi“, d. h. er ist eine eigenständige prophetische Persönlichkeit.

Diese drei Zuordnungsvarianten für den letzten kanonisierten Propheten der Hebräischen Bibel verweisen auf einen Paradigmenwechsel in der Zeit des sich neu formierenden Judentums. Mordechai und Esra gelten in den jeweiligen biblischen Büchern, in denen sie auftreten, nicht als Propheten. Ihnen wird also gewissermaßen durch die Identifizierung mit Maleachi eine doppelte Funktion zugemessen. Auch stehen sie beide für jene Sprachen Gottes, deren Wirkungsweise sich in dieser Zeit auszubilden beginnt. Mordechais Name ist mit der verdeckten historischen

Wirkweise Gottes im Estherbuch verbunden. Die Juden werden aus der Not gerettet und zu einem Sieg über ihre Feinde geführt, der mit dem Purimfest dokumentiert wird. Ein offenes Eingreifen oder auch nur Nennen Gottes unterbleibt jedoch.

Esra demgegenüber verfügt, anders als alle kanonisierten Propheten seit der Königszeit, über politische Macht, wenn auch vom persischen König verliehene. Er ist eine Führergestalt, die das jüdische Gesetz interpretiert und zugleich implementiert, allem voran die Verfügung, dass sich jüdische Männer in der Provinz Yehud (dem früheren Judäa) von ihren nicht jüdischen Frauen zu trennen hätten. Interessanterweise beruht die Argumentation nicht auf Götzendienst oder anderweitigen schlechten Einflüssen der Frauen, sondern auf einer Ideologie, die schon stark von Esras Herkunft aus der gefährdeten Minderheitendiaspora gefärbt scheint: dem Erhalt eines jüdischen Volkstums. Die Einführung der matrilinearen Vererbung des Judentums, als deren Begründer Esra lange Zeit galt, wird aber inzwischen in der Forschung später verortet.[1]

Dass schließlich Maleachi auch als eigenständiger Prophet bezeichnet wird, der in der Zeit Esras gewirkt haben dürfte, weist darauf hin, dass hier zwar das Auslaufen eines prophetischen Strangs beschrieben wird, dass aber grundsätzlich die Weiterexistenz inspirierten Sprechens neben dem gesetzlichen vorausgesetzt wurde. Wenn auch nicht in Form der Prophetie, so blieb Inspiration auch künftighin eine konstante Bezugsweise zum Göttlichen.

Schrieb der Talmud dem letzten der Propheten Israels also drei mögliche Identitäten und damit drei potenzielle Funktionsweisen zu, so hat die jüngere Forschung vor allem jüdischer Gelehrter zu Jesus herausgearbeitet, dass die jüdische Sicht auf die Wirkungsgeschichte Jesu mit der Frage verbunden werden muss, in welcher Funktion die Jüdinnen und Juden seiner Zeit ihn gesehen haben. War die Bergpredigt ein rebellisches Widerwort gegen das biblische Gesetz mit prophetischem Anspruch, oder war es ein persönliches Interpretationsangebot nach pharisäischer Art, wie wir sie in den rabbinischen Schriften zu Tausenden finden. War der messianische Anspruch für seine Gegner deshalb irreführend, weil nur ein historischer Befreiungsakt den wahren Messias auszeichnen konnte, während der Rückzug in das Innerlich-Jenseitige den Anspruch in sich widerlegte? Kurzum: Ist die Entfremdung von Christentum und Judentum (auch) ein Vorgang, der mit einem Paradigmenwechsel von Gottes Sprache zu tun hat?

Die drei Sprachen lassen sich in ihrer schwerpunktmäßigen Relevanz innerhalb des Judentums in Epochen verordnen, auch wenn am Beispiel der talmudischen Diskussion um die Identität des Propheten Maleachi ihre Gleichzeitigkeit und Interferenz gezeigt werden können und sie immer nebeneinander existiert haben. So wird die Epoche zwischen der Zeitenwende und dem frühen 7. Jahrhundert, aus der die Textbasis und Redaktion der unterschiedlichen rabbinischen Sammelwerke (insbesondere Mischna und Talmud) hervorgeht, hier mit dem Schwerpunkt des Gesetzes (Halacha) verbunden. Das Mittelalter und die frühe Neuzeit werden als Zeit des Geistes (Philosophie und Kabbala) behandelt, während die Moderne der Geschichte als zentraler Äußerungsform des Göttlichen zugeordnet wird. Wie schematisch auch immer dieser Zugang erscheint, erlaubt er einen Einblick in die komplexen, wechselhaften und ineinanderwirkenden Perzeptionen der göttlichen Sprachen im Judentum.

1. Halacha – die Sprache des Gesetzes

Die Halacha (ein Begriff, der mit der Übersetzung „jüdisches Religionsgesetz“ noch am ehesten, aber wie zu zeigen ist, nur sehr unvollständig wiedergegeben ist) unterscheidet sich in ihrem Selbstverständnis profund von anderen Gesetzeskorpora. Von Gesellschaften oder Herrschaftssystemen aufgestellte Gesetze orientieren sich an Realitäten, die sie normativ, im Sinne einer funktionierenden Gesellschaft, zu organisieren versuchen. Demgegenüber gilt die Tora (die fünf Bücher Mose) im klassischen

Judentum als gottgegeben – wobei das 5. Buch Moses (Deuteronomium) weitestgehend aus als göttlich inspiriert verstandenen Reden des Moses besteht.

Der gesetzgeberische Charakter der fünf Bücher Moses war der zentrale Streitpunkt, der zu Zeiten des zweiten Jerusalemer Tempels Sadduzäer und Pharisäer entzweite. Die Sadduzäer begriffen den Text der Tora als positivistisch und unmittelbar anwendungsbezogen zu lesenden Gesetzestext, während die Pharisäer und später, nach der Tempelzerstörung im späten 1. und im 2. Jahrhundert n. u. Z., die als Nachfolger der Pharisäer sich verstehenden Rabbinen die Tora als zu dechiffrierendes Zeichensystem verstanden, in dem der reine Textinhalt nur einen sehr begrenzten und zuweilen im konkreten Gesetz stark zu modifizierenden Aussagewert hatte. Besonders klar äußert sich das in unterschiedlichen Varianten einer Aufzählung von „Verfahren, nach denen die Tora gedeutet wird". Die berühmteste dieser Aufzählungen ist diejenige von Rabbi Ischmaels dreizehn Deutungsverfahren, die in die Liturgie des täglichen Morgengebets aufgenommen wurden. Feinheiten der Textanalyse verdichten sich hier zu einer subtextuell anzuwendenden Induktionsform, die gesetzesrelevante Schlussfolgerungen zulässt. Das Identifizieren gleichlautender Formulierungen an unterschiedlichen Textstellen, aus denen gesetzliche Vergleichbarkeit zweier eigentlich weit auseinanderliegenden Rechtsfragen erklärt wird, die textliche Nähe zweier Begriffe, die juristisch aufeinander bezogen werden, oder die Form von Aufzählungen unterschiedlicher Begriffe bei einer Gesetzesformulierung im Text der Tora und ihre juristisch ablesbare Interrelation wurden als Entschlüsselungstechnik mindestens so wichtig wie der Wortlaut einer Referenzstelle. In der Mischna, dem sechsteiligen rabbinischen Gesetzeswerk, das um das Jahr 200 n. u. Z. fertiggestellt und nach Sachthemen geordnet wurde und die Diskussionen aus zwei Jahrhunderten aufnimmt, sowie in dem darauf aufbauenden Palästinischen Talmud (Redaktion ca. um das Jahr 400) und dem Babylonischen Talmud (Redaktion ca. um 600) wird dies erkennbar. Halacha, wie sie dort angewandt und als Begriff eingeführt wird, ist das oft aus konkurrenzierenden Meinungen ermittelte Recht, zugleich aber auch der sich selbst erklärende Diskursrahmen. Der entscheidende Begriff, der die pharisäische und rabbinische von der sadduzäischen und später karäischen (wörtlichen) Gesetzesrezeption der Tora unterscheidet, ist derjenige der „mündlichen Tora" (die hebräische Formulierung ließe auch die Übersetzung „auswendige gekannte Tora" zu). Dieser Begriff fokussiert die zentrale Funktion von Überlieferung von einer Generation auf die nächste, die als dynamischer zwischenmenschlicher Prozess des Lehrens und Lernens verstanden werden muss, im Gegensatz zum statischen, unveränderlichen Zustand der „schriftlichen Tora", die in der unverbrüchlichen Form des Pentateuchs auf den Pergamentrollen in den Synagogen gebannt ist.

Ein Beispiel dafür liefert die halachische Umsetzung der Formulierung „Wenn ein Mann eine Frau nimmt" (Deut 24,1) im jüdischen Ehegesetz. Der Begriff „nehmen" ließe sehr unterschiedliche Interpretationen zu. Mit Verweis auf Gen 23,13, wo es um einen Grundstückskauf des Abraham geht und wo er dem Verkäufer sagt: „nimm das Geld für das Feld von mir", wird „nehmen" als Akt einer Transaktion interpretiert. Indem also die Frau den Ehering des Mannes (oder theoretisch auch einen anderen Wertgegenstand) im Bewusstsein der Absicht der Eheschließung akzeptiert, „nimmt" der Mann sie damit zu seiner Ehefrau. Darauf beruht der jüdische Trauungsakt, bei dem folglich Ringe auch nicht getauscht werden, sondern einseitig der Bräutigam der Braut einen solchen ansteckt. Die beiden biblischen Textstellen haben inhaltlich keinen Bezug zueinander, allein die durch Tradition gefestigte Referenz über den Gebrauch desselben Verbs verbindet die eine mit der anderen Stelle in halachisch relevanter Form.

Die Rabbinen haben die Dialektik von hermeneutischer Selbstermächtigung und deklarierter Rückbindung an die grundlegende

Autorität der schriftlichen Tora durchaus reflektiert. Kein anderer Text vermag das so bildhaft auszudrücken wie folgende berühmte Erzählung, die der Babylonische Talmud im Traktat Menachot (29b) berichtet:

> Rav Jehuda sagte in Ravs Namen: Zur Stunde, da Moses in die Höhe aufstieg, fand er den Heiligen Gelobt sei Er, der dasaß und Kronen [d. h. Ornamente] an den Buchstaben [der Tora] befestigte.
> Er sprach vor ihm: Herr der Welt, wer hält deine Hand [mit diesen Verzierungen] zurück [so dass du ihretwegen die Übergabe verzögerst]?
> Er sprach zu ihm: Es gibt einen Menschen, der am Ende vieler Generationen kommen wird, und sein Name ist Akiva ben Josef, der wird in Zukunft von jedem Schnörkel Unmengen von Halachot lernen.
> Er sagte vor ihm: Herr der Welt, zeig ihn mir.
> Er sagte ihm: Drehe dich um.
> Er ging und saß in der hintersten von acht Reihen, und er verstand nicht, was sie sagten. Seine Kraft erlahmte. Als sie zu einer bestimmten Sache kamen, sagten ihm [dem Lehrer Rabbi Akiva] seine Schüler: Rabbi, woher hast du diese [Auslegung]? Er sagte ihnen: Es ist eine Halacha, die Moses am Sinai erhalten hat. Da beruhigte er [Moses] sich.

Mit Bezug auf die schon in der Antike eingeführte speziell mit Krönchen versehene Schrift der Torarollen wird hier Moses als Zeuge eines Deutungsprozesses aufgeboten, der als von Gott schon bei der Übergabe der Tora intendierter dargestellt wird. Moses selbst ist ausdrücklich nicht der finale Ausdeuter des Tora-Textes, er kann die Deutungen späterer Generationen nicht einmal verstehen. Wichtig ist nur, dass die Interpretationslinie immer auf Gottes Wort an ihn und somit an das Urmoment der Offenbarung rückgebunden wird.

Die Verselbstständigung des rabbinischen Diskurses, der konsequent auf die Tora als Bezugsgröße verweist und zugleich ein eigenes Rechtsuniversum erschafft, dessen Urheber niemals jemand anderes als Gott selbst sein kann, prägt das halachische Denken in der gesamten talmudischen Literatur.

Besonders treffend sind der Überlieferungscharakter der „mündlichen Tora" und das Selbstverständnis ihrer Exponenten von Yeshayahu Leibowitz (1903–1994), einem der bedeutendsten jüdischen Denker nach der Schoa, umschrieben worden, indem er von einer ununterbrochenen Kette der weiterführenden Ausdeutung sprach, die den in der Mischna (Traktat Avot 1,1) benannten Tradierungsprozess seit Moses am Sinai durch die Gelehrtengenerationen hindurch kennzeichne.[2] Nicht eine bestimmte Deutungstradition, sondern die Autorisierung zur eigenen Deutung mit Berufung auf diese Tradition sei, so Leibowitz, von einer Gelehrtengeneration zur nächsten überliefert worden. Die mündliche Tora als gesetzgeberisches wie als diskursives System steht somit allein in menschlicher Kompetenz, ist aber mit der Unmittelbarkeit des göttlichen Gesetzes ausgestattet.

Seiner Natur gemäß kann ein solches Unternehmen, menschliche Gesetzesauslegung als unmittelbare Vollstreckung des göttlichen Willens zu definieren, nur unter ganz bestimmten Umständen gelingen. Einer davon (und dies betont etwa Chaim N. Saiman in seinem instruktiven Werk über die Geschichte der Halacha) war die Tatsache, dass Halacha in der pharisäisch inspirierten Form nie die Funktion eines staatlich verbindlichen Gesetzes hatte.[3] Ja, man kann sogar davon ausgehen, dass diese Form der Auslegung und Gesetzgebung einige Zeit brauchte, um sich von einem gelehrten Elitenprojekt zur Grundlage jüdischer Observanz durchzusetzen. So war die Übertragung göttlicher Autorität auf menschliche Auslegungsformen in ihrem Geltungsanspruch zugleich unübertreffbar und faktisch ohne die freiwillige Übernahme der Gläubigen nicht implementierbar. Natürlich nivelliert diese Voraussetzung der Freiwilligkeit die durchaus vorhandene disziplinierende Funktion wie den sozialen Druck von Gemeinschaften und die teilweise auch beträchtliche Autonomie jüdischer Gemeinden in der Durchsetzung halachischer Praktiken bei ihren Mitgliedern. Mit einem Regierungshandeln gemäß theokratischen Ansprüchen hatte Halacha dabei nie etwas zu tun – und eben deshalb lässt sie sich in ihrer Wirkung als göttliche Sprache lesen, deren Performanz allein durch ihre vollständige Glaub-Würdigkeit erzeugt wird und nicht durch Zwangsmaßnahmen. Niemand hat die Schärfe des inneren Widerspruchs zwangsweise verhängter religiöser Regeln deutlicher herausgearbeitet als der gesetzestreue jüdische Aufklärer Moses Mendelssohn mit seiner Schrift *Jerusalem oder über religiöse Macht und Judenthum* von 1783. Im 21. Jahrhundert war es vor allem der 2020 verstorbene langjährige britische Oberrabbiner Lord Jonathan Sacks, der den faktischen Autoritätsverlust gesetzlich implementierter religiöser Gesetze oder Institutionen betonte.

Hinzu kommt der Charakter der rabbinischen Schriften, die durchgehend von der Wiedergabe unterschiedlicher Lehrmeinungen zu ein und demselben Problem, nicht selten einander offen widersprechenden Rechtsauslegungen geprägt sind, sodass weder Mischna noch Talmud den Charakter von monistisch angelegten Gesetzesbüchern haben, sondern sich durch ihre diskursive Prägung auszeichnen. Das Wort Gottes wird also zum institutionalisierten menschlichen Diskurs über das direkt ihm, bzw. der von ihm gegebenen Tora zugeschriebene Gesetz. Besonders deutlich wird der Umstand, dass Halacha nicht nur auf Autorisierungstransfer, sondern auch auf fortlaufendem Diskurs beruht, in einer Textstelle aus dem Talmud, in der es um eine klassische Rivalität zwischen den Lehrhäusern von zwei Gelehrten geht, die um die Zeit der Geburt Jesu in Palästina wirkten und die unzählige Rechtsdiskussionen führten, nämlich Hillel und Schammai. Die Tendenz Hillels, eines armen zugewanderten Gelehrten aus der jüdischen Gemeinde Babyloniens, war, in Rechtsfragen eine erleichternde, für die Menschen einfacher zu bewältigende Auslegung zu wählen, während der etablierte Schammai erschwerenden Auslegungen zuneigte – beide haben diese Tendenz als prägende Auslegungsform ihren Schulen mitgegeben. Die Talmudstelle widmet sich der Hartnäckigkeit, mit der die beiden Parteien ihre Positionen verfochten.

> Rabbi Aba sagte im Namen Schmuels: Drei Jahre lang lagen das Lehrhaus Schammais und das Lehrhaus Hillels im Streit. Jene sagten: Die Halacha folgt unserer Auslegung. Diese sagten: Die Halacha folgt unserer Auslegung. Da trat eine göttliche Stimme hervor und sagte: Diese und jene sind Worte des lebendigen Gottes (oder: lebendige Worte Gottes), und die Halacha ist wie das Lehrhaus Hillels [sagt]. (Babylonischer Talmud, Traktat Eruvin 13b)

Dass hier eine göttliche Stimme zitiert wird, die zwei widerstreitenden Stimmen zugesteht, gleichermaßen göttliches Wort zu repräsentieren, zugleich die Halacha aber einer Schule zuschlägt, ist interessant. Denn eigentlich waren die Diskussionen der Schulen Grundlage einer Abstimmung im zu Zeiten des Zweiten Tempels noch existierenden Synhedrion, eines Gerichtshofs, der über die Auslegung entschied, und dort schaffte es Hillels Schule in der Regel, die Mehrheit zu stellen. Zum Charakter und Verständnis dieser „göttlichen Stimme" (die auf Hebräisch „bat qol", also eigentlich „Tochterstimme" heißt) etwas weiter unten gleich noch mehr. Die Quintessenz dieser Stelle besteht zunächst einmal darin, dass man sich von Gott in einer Art Deklaration, die für alle Betroffenen hörbar und auf eine ganz bestimmte Fragestellung bezogen, also weder hochintim noch inhaltlich komplex wie der prophetische Akt ist, bestätigen lässt, dass menschliche Meinungsverschiedenheiten und Diskussionen als solche – sofern sie von autorisierten Gelehrten geführt werden – in sich das Potenzial tragen, göttliches Wort unmittelbar zu vertreten. Die göttliche Stimme hier schlägt sich wohl einem Lager zu, macht aber zugleich klar, dass Rechtsverbindlichkeit nicht das einzige Kriterium dafür ist, im Sinne der Tora zu sprechen.

Das göttliche Wort wird damit geradezu mit dem Interpretationsraum der Gelehrten gleichgesetzt und letztlich von der Normativität des zu praktizierenden Gesetzes teilweise entkoppelt. Für das rabbinische System insgesamt, das die pharisäischen und später die rabbinischen Lehren in die Gesetzesdiskurse der Mischna und des diese weiter kommentierenden Talmud zusammenfügte, sind deshalb jüngst von Moshe Simon-Shoshan drei Kriterien als entscheidend definiert worden, an denen sich der juristische Diskurs orientiert: Authentizität, Validität und Normativität. Authentizität kann man als Anspruch einer maximal originären Rechtsauffassung im Sinne der Überlieferung verstehen, was sich insbesondere durch die Berufung auf Tradition bzw. eine von eigenen Lehrern gehörte Lehrmeinung bezieht. Die Validität kann im Falle des Fehlens einer zitierten Tradition, in Konkurrenz zu einer solchen oder auch im Falle einander widersprechender Traditionen, von denen eine notgedrungen nicht zutreffen kann, durch die überzeugende Herleitung des Rechts, in der Regel durch eine Mehrheit der Entscheidenden erlangt werden. Normativität ist schließlich die Bezeichnung des Endprodukts in der Halacha – auf welchem Weg der Aushandlung (und zuweilen Verfügung) es auch zustande gekommen ist. Doch das normativ Gewordene kann nie der Überprüfung seines Zustandekommens und seiner Validität im Diskurs entgehen.[4]

Kehren wir noch einmal zur „bat qol" zurück. In ihr zeigt sich, dass das pharisäisch-rabbinische Zeitalter nicht als ruckartiges Abwerfen der Idee unmittelbarer göttlicher Zwiesprache, Einwohnung und Intervention gesehen werden darf, wie sie mit der Prophetie verbunden wird, sondern dass die Zentralisierung der Diskurshoheit über das göttliche Gesetz in den dazu autorisierten menschlichen (und, es muss an einer Stelle einmal gesagt sein: männlichen) Gremien prozesshaft verlief. In diesem Prozess wurde auch die menschliche Diskursautonomie gegenüber göttlicher Interferenz ausgebaut. Während nämlich in der oben zitierten Passage im Traktat Eruvin die „bat qol" der Diskussion die entscheidende Wendung gibt, ist dies in einer anderen Erzählung des Babylonischen Talmuds (Traktat Baba Mezia 59b) vollkommen anders – die Auseinandersetzung mit supranormalen „Argumenten", die Gott zugeschrieben werden könnten, bis hin zu einer „bat qol", erscheint geradezu als Kipppunkt der menschlichen Ermächtigung über die Interpretationshoheit göttlichen Sprechens, ist allerdings in sich auch wieder vielschichtig. Der Anlass der Diskussion dort ist die in unserem Zusammenhang unerhebliche Frage, ob ein bestimmter Ofen aufgrund seiner Beschaffenheit rituell (durch den Kontakt mit Toten) unrein werden könne oder nicht. In der Diskussion positioniert sich Rabbi Elieser gegen den Rest der Weisen – selbst als er „alle Antworten der Welt" gibt, akzeptieren sie seine Position nicht.

> Da sagte er ihnen: „Wenn die Halacha meiner Auslegung entspricht, soll es dieser Johannisbrotbaum beweisen." Der Johannisbrotbaum entwurzelte sich von seinem Ort hundert Ellen weit, und es gibt solche, die sagen: vierhundert Ellen. Sie sagten ihm: „Man erbringt keinen Beweis von einem Johannisbrotbaum." Er setzte erneut an und sagte ihnen: „Wenn die Halacha meiner Auslegung die wahre ist, soll es das Wasser beweisen." Da floss tatsächlich das Wasser rückwärts. Sie sagten ihm: „Man erbringt keinen Beweis vom Wasser." Er setzte erneut an und sagte ihnen: „Wenn die Halacha meiner Auslegung entspricht, werden es die Wände des Lehrhauses beweisen." Die Wände des Lehrhauses neigten sich und drohten einzustürzen, da tadelte sie Rabbi Jehoschua und sagte ihnen: „Wenn die Toragelehrten einander in der Halachaauslegung übertrumpfen, was hat das euch zu kümmern?" Da stürzten sie nicht ein, der Ehre des Rabbi Jehoschua zu Ehren, und sie standen nicht mehr aufrecht Rabbi Elieser zu Ehren und verblieben in schiefem Zustand.

> Er (Rabbi Elieser) setzte erneut an und sagte: „Wenn die Halacha meiner Auslegung entspricht, soll man es vom Himmel beweisen. Es erging eine bat qol und sagte: „Warum widersprecht ihr dem Rabbi Elieser, dessen Meinung überall, wo er sich äußert, mit der Halacha übereinstimmt?"
>
> Rabbi Jehoschua stand auf seinen Füßen und sagte: „Sie ist nicht im Himmel" (nach 5.B.M. 30,12). Was bedeutet ‚sie ist nicht im Himmel?' Rabbi Jeremia sagte: „Seit die Tora am Berg Sinai offenbart wurde, beachten wir keine bat qol, denn schon am Sinai schriebst Du in die Tora „nach einer Mehrheit zu entscheiden" (nach 2.B.M. 23,2). Rabbi Nathan traf den Propheten Elia und sagte ihm. „Was tat der Heilige, Gelobt sei Er, zu dieser Stunde?" Er sagte ihm: „Er lächelte und sagte: Meine Kinder haben mich besiegt, meine Kinder haben mich besiegt."

Hier also wird die bat qol, und damit faktisch Gott selbst, elegant in die Schranken verwiesen, und es zeigt sich zugleich der Regress auf die schriftliche Tora zur Stützung der mündlichen. Wenn die Tora (in der intertextuellen Verbindung zweier Stellen aus Deuteronomium und Exodus) selbst erklärt, dass die Mehrheit entscheidet, weil Israel seit der Offenbarung am Sinai auf der Erde das Interpretationsrecht habe und nicht ‚der Himmel', dann gilt diese Verbindlichkeit auch für Gott. Der Abschluss dieser Erzählung ist pikanterweise dann aber wieder eine Prophetie des (als unsterblich geltenden) Propheten Elia. Dabei handelt es sich jedoch letztlich nur um eine humoristische Kapitulationserklärung Gottes, der sich freut wie ein Vater, der erstmals von seinem Kind im Spiel besiegt worden ist. Gott (in der zweistufigen Übermittlung des Propheten und Rabbi Nathans) delegiert also seine Stimme als Gesetzgeber definitiv an seine ‚Kinder'.

Von den drei in diesem Essay dargestellten Sprachen Gottes im Judentum ist die Halacha die am offensichtlichsten und konsequentesten interaktive – nicht nur bezüglich der menschlichen

Diskurse, sondern auch bezüglich der Interaktion der göttlichen mit der menschlichen Sphäre. Die Gesetze dirigieren das Verhalten der Menschen und sind Richtlinie für die Form, in der diese Gott dienen. Die Kritik an einer Gottesbeziehung, die von der Fixierung auf ein Gesetz und die kleinsten Einzelheiten seiner Auslegung bestimmt ist, hat durch die Geschichte hindurch zahlreiche Vertreter gefunden. Während sich die neuere Forschung uneins darüber ist, ob Jesus eine grundsätzliche Kritik an der Gesetzesbefolgung aussprach oder ob er eher ein exzessives Gebaren gewisser pharisäischer Kreise kritisierte, das die Sinngebung der Gesetze verkannte und zum Selbstzweck verfremdete, scheint die Gesetzeskritik bei Paulus eindeutiger zu sein. Sie ist weitgehend in die christliche und insbesondere lutherische Sicht vom Judentum als überholter und kleingeistiger Gesetzesreligion eingeflossen.

Die wohl markanteste philosophische Antwort auf diese Kritik hat in der Moderne die Führungsgestalt des modern-orthodoxen amerikanischen Judentums im 20. Jahrhundert, Rabbi Joseph Dov Soloveitchik (1903–1993) gegeben, ein vom stark intellektuell geprägten Talmudstudium litauischer Jeschiwot (Talmudhochschulen) geschulter Rabbi, der 1932 in Berlin mit einer Arbeit über den Philosophen Hermann Cohen promoviert hatte. In seinem 1944 auf Hebräisch, 1983 in englischer Übersetzung veröffentlichten Werk *Halakhic Man*[5] umschreibt er den an die Halacha gebundenen Menschen als einen, dessen Beziehung zu Welt und Natur konstant durch das Bewusstsein des zu befolgenden Gesetzes bestimmt ist. Soloveitchik illustriert dies unter anderem durch das Betrachten eines Sonnenauf- oder -untergangs, der beim (als Prototyp zu denkenden) „halakhic man“ unmittelbare Assoziationen dazu hervorruft, welche neuen Gebote und Verbote (etwa bezüglich der Gebetszeit, des Eintritts von Schabbat oder Feiertagen) damit verbunden sind. Die in gewisser Weise elementarste Sprache Gottes, die Natur, wird damit keineswegs negiert oder übersehen, sondern vielmehr sublimiert und in ein differenziertes Beziehungsgeflecht der Gott geweihten Handlungen bzw. bewussten Unterlassungen eingebunden. Der kanadische Judaist Shlomo Zuckier hat in einem Kommentar zu Soloveitchiks Werk den „halakhic man" als eine „harmonische Verschmelzung zweier Persönlichkeiten" definiert, nämlich des der religiösen Ekstase zuneigenden *homo religiosus* mit dem kognitiv orientierten Menschen, der in einem klar konturierten System denkt. „Der Fokus auf halachischen Konzepten als Grundlage der jüdischen Erfahrung hat einerseits die Funktion, dem Leben in dieser Welt Transzendenz zu verleihen, andererseits wird dadurch Transzendenz auf der Basis diesseitiger Kategorien definiert."[6]

Das gemäß Soloveitchik unterschwellige, gleichsam kategorial gezähmte und eingehegte ekstatische Moment im Angesicht der Transzendenz verweist auf die Interdependenz von Gesetz und Geist, auch in einer Moderne jenseits noch aktiver göttlicher „bat qol"-Interventionen, wie wir sie im Falle des Streits von Schammai und Hillel oder der Geschichte vom Ofen von Achnai gesehen haben.

Was den Ofen von Achnai als gesetzliches Problem betrifft, so kann übrigens vermerkt werden, dass dessen im Talmud zitierte Diskussion zum Zeitpunkt, als sie geführt bzw. aufgeschrieben wurde, rein akademischen Charakter hatte. Die Reinheitsgesetze, wie sie bezüglich dieses Ofens zu einem extravaganten Disput führten, besitzen nur mit Bezug auf den Jerusalemer Tempel, bzw. auf das Recht, diesen zu betreten, Relevanz. Die zahlreichen auf den zerstörten Tempel anwendbaren Gesetze, die in der halachischen Diskussion behandelt werden, können symbolisch für das gesamte Projekt stehen, das nicht zwischen in der Praxis anwendbaren Fragen (etwa eherechtlichen, zivilrechtlichen, Schabbat- oder Speisegesetzen etc.) und den faktisch nicht praktizierbaren (zu denen auch viele des von den in der Diaspora bzw. im weltlichen Staat lebenden Juden nicht anwendbaren Strafrechts zählen) unterscheidet, was die Intensität und Ausführlichkeit ihrer Behandlung angeht.

Hierbei kommt ein *ethos* zum Tragen, das noch über die Durchdringung des Lebens durch die Halacha, wie Soloveitchik sie darstellt, hinausgeht und in der Auseinandersetzung mit Halacha (als göttlicher Sprache) einen Selbstzweck sieht. Besonders eklatant ist dies im Falle von drei gesetzlichen Phänomenen im schriftlichen Text der Tora, deren Realitätsbezug im Talmud selbst (Traktat Sanhedrin 71a) als inexistent bezeichnet wird: Das ‚aussätzige Haus' (das aufgrund bestimmter Verfärbungen identifiziert wird und abgerissen werden muss, Lev 14,34–53), der ‚ungehorsame Sohn' (der, im Falle einer ganz speziellen Konstellation von Alter und Vergehen, des Todes schuldig ist, Deut 21,18–21) und die ‚verstoßene Stadt', die dem Erdboden gleichzumachen ist (Deut 13,13–19). Wenn, wie die Gelehrten im Talmud fast übereinstimmend erklären, diese Fälle in der Realität undenkbar sind, weshalb sind sie dann in der schriftlichen Tora aufgeführt? Die lapidare Antwort lautet: „Lege es aus und erhalte den Lohn." Da dieser Lohn nicht als materieller zu denken ist, wird hier deutlich, was die Auseinandersetzung mit Tora (im Sinne des ‚mündlichen' Auslegens schriftlicher Lehre) immer und in erster Linie ist: ein Kommunizieren mit Gott, ein Hörbarmachen von Gottes Stimme durch Menschenmund und -hand, ungeachtet des unmittelbaren Realitätsbezugs der Gesetze. Welchen größeren Lohn könnten diese Gelehrten erhalten?

Es gibt jedoch im Talmud selbst auch eine immer wieder aufblitzende Gegenbewegung zur Überfrachtung des halachischen Zeichensystems. Sie taucht rund zwanzig Mal auf, und zwar im Zusammenhang mit Interpretationsversuchen von Stellen, an denen Verben gedoppelt werden – ein im Pentateuch öfter vorkommendes Verfahren. Bedeutet die Formulierung „wenn du ein Gelübde gelobst" oder „siehe, sehen sollst du", dass die Doppelung auf einen bestimmten halachischen Subtext referiert, eine gesetzliche Ableitung, die man daraus ziehen kann, da ja kein Wort als überflüssig gilt in der von Gott offenbarten Tora? Die

Gegenmeinung dazu erklärt schlicht, ein doppelt verwendetes Verb deute auf eine besondere Betonung des Sachverhalts hin, wie sie jeder beliebige Text kenne. Die simple Formel im Talmud dafür lautet: „Die Tora spricht in der Sprache des Menschen."

Der grundsätzliche Charakter der Tora als Zeichensystem, wie es die Rabbinen verstanden, würde damit keineswegs aufgehoben, sondern nur in einer ganz spezifischen Form der Formulierung relativiert. Wenn die Tora „in der Sprache der Menschen" spricht, so ist auch dies ein ganz gezielt von Gott gesetzter Akzent, der nicht die menschliche, sondern eben gerade die göttliche Urheberschaft der Tora bestätigt. Die Tendenz des Einordnens von Gottes Sprache im Judentum aber ging ohnehin in die entgegengesetzte Richtung. Das jüdische Mittelalter wurde zum Zeitalter umfassender Systematisierung und Kategorisierung. Die Halacha wurde in Kodizes festgehalten, was den Nachvollzug des Gesetzes einfacher machte, dessen Charakter als Objekt fortdauernder zwischenmenschlicher Diskussion jedoch infrage stellte. Insbesondere im arabisch-muslimischen Raum eroberte die dort populäre platonische und aristotelische Philosophie auch das jüdische Denken, und im christlich-mittelalterlichen Raum wurde die Mystik als Form einer angestrebten Unmittelbarkeit der Begegnung, die zugleich in eine strukturierte Gottes- und Welterzählung eingebettet war, zu einer lebensweltlich relevanten, aber zunehmend auch politisch aufgeladenen Methode, die kosmische Sprache Gottes zu verstehen. Diese beiden, einander gegenüberstehenden, aber auf Umwegen dennoch wesensverwandten Interpretationen von „Gottes Sprache" sollen im folgenden Kapitel behandelt werden.

2. Philosophie und Kabbala – die Sprache des Geistes

Um die paradigmatische Differenz oder genauer: die dialektische Wendung des Verständnisses göttlicher Sprache zwischen dem Zeitalter der Halacha und dem der Philosophie zu dokumentieren, lässt sich unmittelbar an den im Talmud von Einzelnen wiederholt geäußerten Einwand gegen eine Überinterpretation anknüpfen: die Formel „die Tora spricht in der Sprache des Menschen". Dieselbe Formel wird auch von Maimonides (zw. 1135 u. 1138–1204) aufgenommen, der als zentraler Philosoph des jüdischen Mittelalters wie auch als einer seiner bedeutendsten halachischen Denker gilt – in dem Sinne, dass er die ersten Kodizes des jüdischen Gesetzes verfasste, in denen die Diskussion durch eine klare, hochorganisierte und autoritative Paragraphenordnung ersetzt ist. Maimonides, der als Erster eine detaillierte Aufzählung und Beschreibung der im Talmud genannten 613 biblischen Gebote und Verbote vornahm (zunächst im Sefer Hamitzwot, danach in der ausführlicheren Mischne Tora), verfasste in seinen späteren Jahren sein philosophisches Hauptwerk *More Newuchim* („Führer der Verirrten"). Darin vertritt er im Wesentlichen Grundsätze einer negativen Theologie, die Gott zugleich als Schöpfer, aber auch als das der menschlichen Wahrnehmung schlechthin Entzogene identifiziert. Entsprechend sieht er im Erfüllen der Gebote eine Disziplinierungsmaßnahme, die das Ziel hat, das Leben der Gläubigen moralisch zu optimieren, deren Erfüllung aber keinerlei Auswirkung auf Gottes Handeln hat – wie er überhaupt jede Vorstellung einer reaktiven Handlungsweise Gottes strikt verneint. Das Problem, dass Gott in der schriftlichen Tora sehr wohl als interagierende Instanz auftritt, die zürnen, bereuen und sich versöhnen kann, und die auch in anthropomorpher Darstellungsweise über Körperteile wie einen Arm, eine Hand oder einen Mund verfügt (während für Maimonides bereits jede körperliche Vorstellung Gottes dem Götzendienst gleichkäme), löst er interessanterweise durch Anführen der talmudischen Formel „die Tora spricht in der Sprache der Menschen". Gewählt werde, so führt er aus, eine Sprache, die auch der für Abstraktionen nicht zugänglichen Masse bewusst mache, dass Gott existent sei – etwas, was die einfachen Leute nur auf der Basis körperlicher Darstellung begreifen und akzeptieren könnten. Über eine göttliche „Eigenschaft“ zu sprechen, kann deshalb gemäß Maimonides nur heißen, die menschliche Perzeption von Ereignissen als Übertragung auf Gottes „Stimmung“ zu benennen: Im Falle einer Naturkatastrophe oder auch eines nationalen Unglücks gälte Gott als „zornig“, im Falle positiver Ereignisse als „versöhnt“, etc.

Michael Schwarz, der Herausgeber einer modernen hebräischen Fassung des *Führers der Verirrten* (dessen Originalfassung auf Judäo-Arabisch verfasst ist), hat dazu vermerkt, Maimonides würde die talmudische Formel in ihr Gegenteil verkehren: Sagt sie im Talmud aus, dass an diesen Stellen der Text der Tora in seiner einfachen Form wörtlich zu verstehen sei, so diene Maimonides die Umschreibung gerade dazu, den Wortlaut der Tora insgesamt als Decktext zu verstehen, der den eigentlichen Sinn im Interesse einer Vereinfachung eher verschleiere als offenbare.

Konsequent durchgedacht würde das aber auch bedeuten, dass Gottes Allmacht spätestens dort endet, wo er eine adäquate Sprache finden müsste, um sich selbst positiv zu beschreiben, ohne eine Hilfskonstruktion zu benutzen. Denn die Sprache der Bibel birgt, folgt man Maimonides, die größte Gefahr, aus einer Hilfestellung für das einfache Volk zur Grundlage einer irreführenden und sündhaften Idolatrie zu werden. Einen Ausweg aus dem Widerspruch zwischen der Unzugänglichkeit Gottes und dem Bedürfnis, seine Präsenz für den Menschen spürbar zu machen, versucht Nehama Verbin mit Bezug auf den Religionsphilosophen Menachem Lorberbaum zu weisen, indem sie Maimonides’ Bezug auf das Tetragrammaton, also den vierbuchstabigen Gottesnamen J-h-w-h betont, der als Vorlage des meditierenden Zugangs eine positive Auseinandersetzung mit dem sonst unfassbaren Gott ermögliche.[7] Wie immer man zu dieser Idee steht, sie löst eher das Dilemma des unschlüssigen Menschen, wie er am Ende doch noch mit Gott über das ihm von diesem einzig zur Verfügung gestellte Medium der Sprache kommunizieren kann, als dass die Tora als göttliches „Ego-Dokument“ nachvollziehbar würde.

Gibt es einen Strang von der totalen Transzendenz des dem Menschen unbeschreibbaren Gott des Maimonides, der zugleich Gott der Philosophen und Gott der Bibel sein soll, zu dem mit der Natur identischen transzendenzlosen Gott Baruch Spinozas (1632–1677)? Gibt es eine geistige Linie, die von der religiösen Leitfigur des 12. zum Philosophen des 17. Jahrhunderts führt, den die jüdische Gemeinde Amsterdams in den Bann legte? Diese Frage hat viele Forscherinnen und Forscher beschäftigt. Kenneth Seeskin hat den Paradigmenwechsel, nachgerade den Übergang vom Mittelalter in die beginnende Moderne, so zusammengefasst:

> Das Problem ist, dass, bei all ihren Anstrengungen, die Bibel mit der Philosophie zu versöhnen, seine [Spinozas] Vorgänger über einen Gott schrieben, der immer noch einen Hauch von Mysterium in sich trug. Maimonides spricht von Furcht und Zittern, also passiven Emotionen, angesichts eines solchen Gottes, und gesteht, dass die meisten theologischen Fragen nicht mit Sicherheit gelöst werden können. Für Spinoza sind Geheimnis und Unsicherheit nichts als Synonyme der Ignoranz, und Ignoranz ist die Quelle unserer Probleme.[8]

Bezogen auf unsere Fragestellung ließe es sich folgendermaßen formulieren: Maimonides hat der Sprache Gottes in der Tora eine unvermeidliche Defizienz zugemessen. Indem sie die kategoriale Differenz zwischen Gott und Mensch überbrücken muss, gerät sie zwangsläufig in einen aporetischen Zielkonflikt. Der Mensch erfährt entweder keine Offenbarung Gottes, oder er muss sie aus einer Schrift beziehen, die „in seiner Sprache" von Gott spricht, aber dabei die Gefahr einer geradezu idolatrischen Fehlkonzeption Gottes heraufbeschwört. Für Spinoza hingegen ist es gerade die große Herausforderung, den mit der Natur identischen und transzendenzlosen Gott so weit als möglich zu durchdringen. Der Offenbarungstext der Tora ist für diesen Zweck belanglos, da er auch ihren göttlichen Ursprung und die Niederschrift durch Moses bestreitet. Die möglichst lückenlose Entzifferung göttlicher „Sprache“ ist im Sinne einer intellektuellen Durchdringung der Welt die maximale und angestrebte Annäherung an ihn, der Geist wird aus der Metaphysik befreit und vollständig in den Intellekt überführt. Es ist diese Aufhebung des vor und über allem stehenden Gottes und der Ausrichtung nach dessen Autorität, die den Pantheisten Spinoza in den Augen der jüdischen Gemeinschaft seiner Zeit und lange darüber hinaus zum Ketzer und Ausgestoßenen machte.

Es zeugt von Anspruch und Größe, bedeutet aber auch das Verhängnis der jüdischen Philosophie des Mittelalters, dass sie – sicherlich auch herausgefordert durch die entsprechenden Errungenschaften des zeitgenössischen Islam – Gott theologisch zu erfassen versuchte. Während der rabbinische Diskurs sich grundsätzlich mit Fragen der Auslegung, sowohl der biblischen Geschichte wie der Halacha, beschäftigt hatte, war die Frage nach Gottes Charakter dazu angetan, die im halachischen Diskurs immer mitschwingende Nähe zwischen göttlichem Wollen und menschlicher Interpretation aufzuheben. Deshalb war es vielleicht unvermeidlich, dass gerade die sprachliche Unfassbarkeit Gottes in eine zunehmende Hinterfragung der Beziehung zwischen Gott und Mensch führte.

Demgegenüber hat es die Kabbala als jüdische Mystik geschafft, die Kontaktnahme zwischen Mensch und Gott (bzw. eben auch zwischen Gott und Mensch) gerade dort, wo sie bei den Philosophen zum diffusen Stoff einer von Schweigen umhüllten Meditation wurde, ins Zentrum des Interesses zu stellen.

Eine Tendenz, die Durchdringung der Welt und der Natur insgesamt durch das Göttliche zu beschreiben, gab es schon früh im Judentum. Ein besonders originelles Dokument, in dem sich Gott über das Jubilieren der Schöpfung manifestiert, ist der Text *Perek Shira*, den die Tradition zuweilen den Königen David oder Salomo zugeschrieben hat, dessen Entstehung aber von der Forschung eher in die frühtalmudische Periode des 3. Jahrhunderts datiert wird. Eingeleitet wird er von einer hübschen Erzählung über König David, der nach Abschluss seiner Psalmen Gott stolz fragte, ob ihn irgendjemand je mehr verherrlicht habe als er – um dann von einem Frosch die Antwort zu bekommen, er selbst singe viel mehr Loblieder auf Gott, die darüber hinaus noch eine weit größere Anzahl möglicher Gleichnisse (bzw. Deutungen) freisetze. Darauf folgt der eigentliche Text, in dem alle Teile der Schöpfung, Zeitabschnitte wie Tag und Nacht, Wolken und der Mond, das Paradies und die Hölle, dann aber vor allem alle möglichen Bäume, Früchte und schließlich Tiere in einer Einteilung von sechs Tageskapiteln Gott mit je einem ihnen zugemessenen Bibelvers verherrlichen. Die Schöpfung wird damit ein vielstimmiger Referenz- und Echoraum, die Durchdrungenheit des Kosmos wie der kleinsten Frucht und des kleinsten Tieres vom Göttlichen lässt die Welt nicht nur als Objekt eines halachischen Zugangs, sondern vielmehr als vibrierende Erscheinungsform Gottes erscheinen.

Jene spezifisch menschlich-göttliche Interaktion, die unter dem Titel Kabbala (was sich wörtlich mit „Tradierung" übersetzen ließe) rezipiert wird, kontrastiert, wie etwa Joseph Dan in seiner hilfreichen Einführung zeigt, in ihrer Selbstbeschreibung eklatant mit dem Blick, den die Forschung auf sie hat. Die Selbstdarstellung der mittelalterlichen Kabbalisten bezieht sich auf „eine Überlieferung, die viele Jahrhunderte geheim gehalten worden sei", womit auf eine Authentizität referiert wird, die in unmittelbarem Bezug zur „mündlichen Überlieferung" steht. Demgegenüber setzt die Forschung den Ursprung der Kabbala auf das Ende des 12. Jahrhunderts an.[9] Was den kommunikativen Aspekt der Kabbala angeht, so beruht dieser auf der spirituellen Revolution, die die Kabbala ins Judentum hineintrug. Die Erfüllung der Gebote und Verbote wurde nicht mehr als sich selbst genügende Essenz des Dienstes der Menschen an Gott verstanden, sondern als Teil einer Interaktion der Menschen mit Gott und den jeweils ausdifferenzierten göttlichen Kräften, wie sie sich etwa in dem vom kabbalistischen Hauptwerk erstellten Konzept der zehn Sefirot (Emanationen) Gottes spiegelt. „Damit", so Dan,

> trat ein überzeugendes Konzept der wechselseitigen Abhängigkeit zwischen Mensch und Gott ins Zentrum der kabbalistischen Weltanschauung, dem zufolge die Gebote die Mittel sind, mit deren Hilfe der Mensch die Prozesse innerhalb der göttlichen Welt beeinflusst und so letztlich sein eigenes Schicksal gestaltet. […]
> Gerechte Taten des Menschen verstärken den Strom des Göttlichen und lassen die göttliche Harmonie sich zur rechten Seite neigen, weg vom Bösen. Jede soziale Wohltat der Fürsorge und Gerechtigkeit, jedes mit Hingabe und angemessener Intention gesprochene Gebet, jeder Gehorsam gegenüber den physischen und rituellen Geboten, jedes Vermeiden der Versuchung und jede Abwehr der Sünde und böser Gedanken verstärkt den Strom des Göttlichen. Sünden, Ungerechtigkeit, böse Gedanken, unmoralisches Verhalten und die Verletzung göttlicher Gebote verringern den Fluss der schefa [d. i. des Herabströmens göttlicher Spiritualität], schwächen das Dasein, stärken die bösen Mächte und vermehren Leiden und Bosheit in der geschaffenen Welt.[10]

Denkt man dieses Konzept weiter, so zeigt sich, dass eine klare Interdependenz zwischen menschlichem Verhalten und göttlicher Präsenz und Stärke auf der Welt entsteht – um nicht zu sagen: Im Gegensatz zu dem entzogenen Gott des Maimonides kann der Gott des Sohar als extrem reaktiver, letztlich vom Handeln des Menschen abhängiger Gott verstanden werden.

Die gegenseitige Durchdringung von Gott und Mensch, die sich gemäß der Konzeption des Sohar in der Kontaktzone der *schechina* (göttliche Einwohnung), der untersten der zehn Sefirot (göttlichen Emanationen), vollzieht, äußert sich im vielgestaltigen, komplexen kabbalistischen Denken in mancherlei Hinsicht. Zum einen gelangen Kabbalisten (wie Mystiker anderer Religionen auch) zu einer *unio mystica*, also einer durch kabbalistische Meditationstechniken hervorrufbaren Vereinigung mit dem Göttlichen. Zum andern äußert sich die unmittelbare Verflechtung von Gott und Welt in einem Ausdruck, der aus den (nur in den Schriften seiner Schüler überlieferten) Lehren von Rabbi Isaac Luria (1534–1572) aus dem galiläischen Safed bekannt geworden ist: Zimzum. In seinem umfassenden Buch, mit dem er Geschichte, Gebrauch und Wirkung dieses Begriffs bis in die Gegenwart darstellt, umreißt Christoph Schulte dessen Bedeutung mit

> Selbstzusammenziehung Gottes vor der Erschaffung der Welt und mit dem Zweck der Weltschöpfung: Der vor der Schöpfung allgegenwärtige und unendliche Gott muß sich im Zimzum von sich selbst in sich selbst zurückziehen und begrenzen, um allererst für die Erschaffung der Welt in seiner eigenen Mitte Platz zu machen.[11]

Gershom Scholem (1897–1982), der als Begründer der modernen Kabbala-Forschung gelten darf, hat Lurias Zimzum-Lehre als eine Reaktion auf die traumatische Vertreibung der Juden aus Spanien von 1492 und Portugal 1497 verstanden. Schulte liest Scholems These als eine Art Trostformel der Judenheit des 16. Jahrhunderts:

> Der Rückzug Gottes ins kosmische Exil des Zimzum erklärt – und entschuldigt – das historische Exil der Juden. Die Juden sind im Exil, weil Gott es auch ist. Für Exilanten hat der Zimzum als menschliche Denkfigur deshalb höchste Plausibilität und leistet sogar Theodizee. So gesehen widerspiegeln die mystischen Vorstellungen Lurias und seiner Schüler vom kosmischen Exil Gottes die irdischen Erfahrungen von Juden im Exil.[12]

In dieser Interpretation Scholems (der, notabene, seine Überlegungen selbst unter dem Eindruck des tiefen Traumas der Entrechtung des deutschen Judentums, aus dem er stammte, und später der Schoa niederschrieb) bedeutet Gottes entscheidendes ‚Wort' im Akt der Schöpfung zugleich die Herausforderung, eine durch einen ‚Unfall' im Schöpfungsakt gerissene Lücke (durch ein kosmisches „Zerbrechen der Gefäße") über ein Mitwirken am Tikkun Olam (dem ‚Reparieren der Welt') zu schließen, wie auch Trost, das Exil als eine Form der göttlichen Daseinsform mitzutragen.

Es ist offensichtlich, dass die kabbalistischen Lehren, nicht weniger als die negative Theologie eines Maimonides, die Tür zu allen nur denkbaren interpretatorischen Ausrichtungen öffneten, von der Deutung der Welt als einem vollkommen von Gottes Gegenwart erfüllten Ort bis hin zur faktischen Loslösung von jeder Vorstellung einer noch obwaltenden höheren göttlichen Ordnung. Und tatsächlich haben sich in der Wendezeit von der frühen Neuzeit bis in die angehende Moderne hinein Entwicklungen in beide Richtungen vollzogen.

Es sei hier zunächst von der historisch jüngeren Entwicklung die Rede, die, als klassisch osteuropäische Bewegung, nach den vernichtenden Schlägen der Schoa in den vergangenen Jahrzehnten in Israel und den USA ein vielleicht kaum erwartetes Comeback erlebt hat: dem Chassidismus.

Die unüberschaubare Forschungsliteratur zum Chassidismus beleuchtet meist historische, soziologische oder im weiteren Sinne religionswissenschaftliche Hintergründe. Die sprachtheoretische Seite des Chassidismus ist lange weitgehend marginal behandelt worden, bis vor Kurzem Ariel Evan Mayse diesen Aspekt ins Zentrum einer Forschungsarbeit gestellt hat, in deren Mittelpunkt Rabbi Dov Ber von Meseritsch (1704–1772) steht. Dieser gilt als wichtigster Schüler des Begründers des Chassidismus, Rabbi Israel ben Elieser (berühmter unter seinem Ehrentitel Baal Schem Tov bzw. dessen Abkürzung Becht), wird aber von manchen, nicht zuletzt Mayse selbst, als eigentliche Gründungsfigur der Bewegung betrachtet. Ausgangspunkt des Verständnisses chassidischer Sprachtheorie – oder, wie Mayse es noch zutreffender nennt: Sprachtheologie[13] – ist das Begreifen des Chassidismus als einer panentheistischen Weltsicht, die also die Betonung göttlicher Immanenz mit einer zugleich über der Schöpfung stehenden Göttlichkeit verbindet. Menschliches Sprechen wird dadurch zu einer Art immanent göttlicher Äußerungsform, einer Teilhabe am göttlichen (durch Sprache bewerkstelligten) Schöpfungsakt, der sich auch nicht in der Genesis vollendet hat, sondern die Welt stetig weiterträgt. Somit wird der Mensch, wenn sein Sprechen aus der Haltung eines wirklichen Anheftens an Gott (hebr. devekut) heraus geschieht, zum (mindestens potenziellen) Teilhaber am göttlichen Sprechen. Wie Mayse betont, bezieht sich Dov Ber dabei nicht nur auf ein Sprechen in der Sprache der Bibel, sondern in allen Sprachen und nicht nur auf das Aussprechen heiliger, sondern auch profaner Worte. Voraussetzung ist immer die Absicht des Sprechenden, mit Gott in Kontakt zu sein.

Sprache ist damit aus der Sicht dieses Mitbegründers des Chassidismus die eigentliche Kontaktzone zwischen Gott und Mensch. Der Schöpfung und Offenbarung, wie die Tora sie darstellt, begegnet der Mensch mit dem ihm gegebenen kreativen Akt der Sprache, die damit auch menschlicherseits keineswegs ein bloß aus Konventionen konstruiertes kommunikatives Mittel zwischen den Mitgliedern einer Gesellschaft ist, sondern nichts weniger als die Reflektion göttlicher Einwirkung in der Welt.

Diesem transzendenten Potenzial des menschlichen Sprechens entspricht auf der anderen Seite auch ein aus der Natur und dem Kosmos hervorgehendes Sprechen Gottes. Alles verweist auf Gott, und der Mensch kann ihm mit Sprache antworten – aber auch nonverbal, etwa in der Heiligung des Aktes des Essens oder des Händewaschens. Nicht mehr nur die Tora wird hier als Zeichensystem verstanden, sondern die Welt schlechthin. Durch all dies wird aber die Tora nicht zu einem rein kosmischen Interaktionsmedium, sondern der autoritative Verweis auf ihr halachisches Grundsystem bleibt erhalten, ja, das Gesetz wird eigentlich von einer gesetzlichen Verfügungs- in die existenzielle Emanationsstufe Gottes erhoben.

Die Bekämpfer des Chassidismus (deren hebräische Bezeichnung schlicht Mitnagdim, also „Gegner" lautete) hegten demgegenüber vor allem in den Anfängen der Bewegung schwerste Befürchtungen, dass der Chassidismus in die Häresie führen könnte. Die Befürchtungen mochten einerseits aus dem Abwehrreflex gegen ein Abgleiten in den Pantheismus stammen, mehr noch aber womöglich aus der traumatischen Erfahrung aus der früheren Entwicklung des kabbalistischen Judentums im 17. Jahrhundert, dem Sabbatianismus.

Gershom Scholem geht mit Blick auf die Person Sabbatai Zwis, der sich 1665 zum Messias ausrufen ließ und auf Druck des türkischen Sultans im Jahr darauf zum Islam übertrat, und auf seine sich über ganz Europa und Kleinasien spannende Anhängerschaft von der These aus, die Lurianische Kabbala mit ihrer Betonung von Exil und Erlösung habe wie keine andere Triebkraft hier dahin gewirkt, eine Bewegung entstehen zu lassen, an der sich das seit jeher explosive antinomistische Potenzial kabbalistischer Apokalyptik realisiert habe. Die Grundlage dieser latenten Hoffnung auf eine Befreiung vom Gesetz durch den Messias fasst Scholem schon in der Darstellung eines mittelalterlichen Kabbalisten, lange vor Luria, zusammen:

> Die Tora manifestiert sich unter zwei Aspekten: vom „Baum des Lebens" und vom „Baum der Erkenntnis von Gut und Böse". Der zweite Aspekt ist charakteristisch für die Zeit des Exils. Wie der Baum der Erkenntnis Gut und Böse enthält, so bringt die von ihm herkommende Tora Erlaubnis und Verbot, das Reine und Unreine. Mit anderen Wor-

> ten: Sie ist das Gesetz der Bibel und der rabbinischen Tradition. Doch in der Zeit der Erlösung wird sich die Tora unter dem Aspekt des Baumes des Lebens behaupten, und dann werden alle bisherigen Unterscheidungen vergehen. Mit der positiven Manifestation der Tora als Baum des Lebens wird daher die Abschaffung all jener Gesetze und Bestimmungen einhergehen, deren Autorität und Gültigkeit sich unabdingbar über die gegenwärtige Ära des Exils erstreckt.[14]

Diese Befreiung vom Gesetz hat der aus Smyrna stammende Sabbatai Zwi, mit Bezug auf die Lurianische Lehre und ihre komplexe Lehre vom Exil als Schöpfungszustand, ergänzt durch die Aufgabe des Tikkun Olam, mit der Ausrufung zum Messias seinen Anhängern versprochen – und die Apostasie des Übertritts zum Islam wurde Scholem zufolge von vielen nicht als Erweis seines Scheiterns, sondern als Steigerung seines Wegs in die Unreinheit zu deren definitiver Unterminierung und zur Befreiung des göttlichen Lichts verstanden.

Man könnte also zusammenfassend sagen, dass die Kabbala zu einer Überdeterminierung der göttlichen Sprache und der sphärischen Durchdringung der Existenz Israels neigte, welche der Anti-Apokalyptiker Maimonides bewusst bekämpft hatte, der die messianischen Visionen der Propheten ausschließlich als Befreiung zum ungehinderten Lernen der Tora verstanden wissen wollte. Während der Chassidismus laut Scholem „um das große Geheimnis des ‚bis hierher und nicht weiter'" gewusst habe,[15] sei der Sabbatianismus in den Status einer Sekte der Erleuchteten abgeglitten.

Scholem liest die Geschichte Sabbatai Zwis und seiner Anhänger wie auch des hundert Jahre später auftretenden Messiasprätendenten Jakob Frank aber nicht primär als Betriebsunfall in der jüdischen Geschichte, sondern als einen sich aufdrängenden Modernisierungsprozess in der Auflösung einer herkömmlichen Gesetzestreue. Michael Brocke fasst Scholems Befund folgendermaßen zusammen:

> Wie die Kraft der Kabbala die messianische Massenbewegung aus sich selbst hervorgebracht hat, so erstirbt sie auch nicht mit dem Ersterben der Hoffnungen auf Sabbatai Zwi, sondern wirkt in deren Verwandlungen weiter, wirkt auf die Haskala [jüdische Aufklärung] und in die Reform des 19., ja mündet sogar in letzter Konsequenz in den Säkularismus des 20. Jahrhunderts.[16]

Damit aber führt diese Form der Popularisierung und Instrumentalisierung von Kabbala, der Intervention von Gottes Sprache im Sinne jüdischer Ambition zur Gestaltung historischen Geschehens und des immediaten Charakters messianischer Verwirklichung in eine neue, die bislang letzte heuristische Phase beim Verstehen der göttlichen Sprache: jene der jüdischen Geschichte. Dies allerdings geschieht erneut auf dem Weg einer Dialektik, die das Einbegreifen einer sich säkularisierenden Selbstsicht des Judentums zugleich übernimmt und über den Haufen wirft.

3. Haschgacha – die Sprache der Geschichte

Geschichte, wie sie in der Hebräischen Bibel erzählt wird, ist darauf ausgerichtet, die unmittelbare Interdependenz göttlicher Weltherrschaft und menschlichen Handelns zu zeigen. Von der Schöpfung über die Sintflut und Rettung des Gerechten Noah mit seiner Familie zum Bund Abrahams, der Erwählung Israels über die Sklaverei in Ägypten bis hin zum Eintritt Israels ins Land, seine dortigen inneren und äußeren Unruhen und auch Konsolidierungen bis hin zu den Jahren der Krise und Zerstörung der Eigenstaatlichkeit und des Tempels ist „Geschichte" immer ein Geschehen, das unmittelbar Gottes Aufsicht (hebr. haschgacha) untersteht und von ihm gebilligt oder missbilligt wird – mit entsprechenden Folgen für Individuen oder das Volk Israel bzw. später Juda. Haschgacha ist der hebräische Begriff für Aufsicht, aber auch für Vorsehung – und die Frage, inwieweit sich historisches Denken im Judentum entlang diesem Begriff entwickelt, der eine Form der „göttlichen

Sprache“ in der Verwirklichung dessen, was als Geschichtsablauf registriert wird, nahelegt, prägt vor allem die Moderne. Denn über eine sehr lange Zeit, von den noch als historiographisch zu benennenden Werken des Flavius Josephus im 1. Jahrhundert bis ins 19. Jahrhundert hinein, war Geschichtsbewusstsein in einem weiteren Sinne dem Judentum fremd. Die rabbinische Zeit schuf mit der Aggada sogar eine offensichtlich ahistorisch agierende Gattung mit rein erfundenen, oft legendenhaften Szenarien, sowohl unter Heranziehung biblischen Personals wie auch späterer historischer Persönlichkeiten (etwa Alexander des Großen oder römischer Kaiser).

Formen eines Selbstverständnisses als Subjekte einer religiös gedeuteten jüdischen Geschichte kann man vielleicht bei jenen jüdischen Gemeinden erkennen, die unerwartet erfahrene Errettungen aus großer kollektiver Gefahr durch das Einführen lokaler Purim-Gedenktage feierten, in Anklang an das Purimfest, das auf den Ereignissen im Buch Esther beruht. Wie schon oben anlässlich der dortigen Heldengestalt Mordechai gesagt, beruht dieses Verständnis von Errettung gerade auf dem verborgenen Wirken Gottes, der ja im Buch Esther nicht erwähnt wird.

In seinem Buch zur Frage jüdischen Geschichtsbewusstseins von der Antike bis ins 20. Jahrhundert, das die Diskussion zu dem Thema nachhaltig geprägt hat, zeigt Yosef Hayim Yerushalmi (1932–2009), dass selbst der Beginn einer nach wissenschaftlichen Maßstäben vorgehenden Historiographie im 19. Jahrhundert nicht den Durchbruch eines säkularen Zugangs zur Geschichte der Juden bedeutete, da viele konservative Kräfte dem entgegengestanden hätten:

> Während ein im wesentlichen säkulares Geschichtsbild sich in Europa mehr und mehr durchsetzte, gab es immer noch Juden wie auch Christen, die – wenn auch aus recht unterschiedlichen Gründen – hartnäckig an der Vorstellung festhielten, die jüdische Geschichte sei durch die Vorsehung bestimmt.[17]

Eine radikale Trennung zwischen einem Geschichtsverständnis der erst in der Moderne ausgebildeten wissenschaftlichen Historiographie und dem, was Yerushalmi (in Anlehnung an den französischen Soziologen Maurice Halbwachs) „kollektives Gedächtnis" nennt,[18] also zwischen einem an ermittelbaren Quellen orientierten Geschichtsbewusstsein gegenüber einem durch die göttliche Vorsehung bestimmten im Judentum, könne man so ohnehin nicht vornehmen, meinte einige Jahre nach dem Erscheinen von Yerushalmis Buch Amos Funkenstein (1937–1995).[19] Das lässt sich etwa am Selbstverständnis einer sich verbürgerlichenden jüdischen Gesellschaft in Deutschland und Frankreich im 19. Jahrhundert zeigen, wie Philipp Lenhard darlegt. Das Emanzipationsversprechen der bürgerlichen Gesellschaft und der Drang, als spezifische Gruppe an der „Vollendung einer aufsteigenden Geschichte der Zivilisierung naturunmittelbarer, urtümlich ‚barbarischer' Verhältnisse" teilzuhaben, waren nach Lenhard die Verbindung eines utopischen Verständnisses des Messianismus (diesmal in einer gesellschaftlich eingebetteten evolutionären Entwicklung statt einem revolutionären Umsturz, aber kaum weniger sendungsbewusst als einst bei Schabbatai Zwi) mit den in der Französischen Revolution politisch gewordenen Werten der Aufklärung.[20]

Man könnte etwas überspitzt sagen, dass die Verlagerung eines subsumierten göttlichen Willens in menschlichen Diskurs und menschliches Handeln, wie wir sie bei der Entwicklung der Halacha gesehen haben, jetzt in völlig anderer Form erneut vonstatten ging – nur dass die Tora nicht mehr das explizite Referenzmedium war und der Bezug zu jüdischer Existenz in einem universalen Kontext gedacht wurde. Dasselbe ließe sich in gewisser Weise bezüglich der Hinwendung etlicher Jüdinnen und Juden zum Kommunismus, aber auch bei der Entstehung der Idee des Zionismus am Ende des 19. Jahrhunderts nachweisen – wobei gerade dort die Brüche zwischen stärker universalistisch ausgerichteten Exponenten (wie

Theodor Herzl) und klar partikularistisch denkenden Antipoden (wie dem Kulturzionisten Achad Ha'am alias Ascher Ginsberg) schon früh zu inneren Spannungen führten.

Sosehr man aber darüber diskutieren kann, inwieweit die Entwicklungen des späten 19. und frühen 20. Jahrhunderts noch als Hinwendung zu ‚göttlicher Sprache' in der jüdischen Moderne gelesen werden können, so radikal ändert sich diese Frage mit den zwei grundstürzenden Ereignissen der 1940er-Jahre: der Schoa und der Gründung Israels. Der universalistische Aspekt, auf den das bürgerliche Zeitalter reflektiert hatte, tritt in den Hintergrund, und zur zentralen Frage wird, inwiefern sich diese Ereignisse in das Verständnis des auf Abraham zurückgehenden Bundes zwischen Gott und Israel integrieren lassen. Der Rückgriff auf diesen Bund steht geradezu für ein archaisches Zurückgehen weit hinter die rabbinische Zeit unmittelbar in die Urverbindung der Bibel hinein – und die über die Beschneidung in den (männlichen) Körper geschriebene göttliche Verheißung. Unter dem Aspekt dieses unverbrüchlichen Bundes liest sich die Schoa nicht primär als Menschheitsverbrechen, sondern als *Leiden und Vernichtung von Jüdinnen und Juden*; die Frage ist dann einzig, in welcher Art man diese göttliche Signatur „entziffert" – und ob diese Entzifferung noch während der Ereignisse oder im Nachgang und damit in der Regel auch nach der Ausrufung des jüdischen Staates nach zwei Jahrtausenden reiner Diaspora-Existenz geschieht.

Die polnische Religionswissenschaftlerin Barbara Krawcowicz spricht im Zusammenhang mit den Deutungen des Geschehens der Schoa vor allem durch religiöse jüdische Gelehrte von einem

> paradigmatischen Denken, das die Bibel als Reservoir ewig gültiger Muster versteht, gemäß denen die Ereignisse in der Welt sich notwendigerweise einordnen lassen. […] Gott offenbart sich in der Geschichte und durch die Geschichte. Offenbarung ist jedoch selten klar und transparent. Mit anderen Worten: Während Gottes

> Wirkung vorhanden ist, benötigt ihr Erkennen oft einen hermeneutischen Schlüssel.[21]

Dieser Schlüssel liegt, wie Krawcowicz ebenso zeigt, meistens (allerdings nicht ganz immer) in den schon zuvor auffindbaren Ideologien der entsprechenden Gelehrten verborgen, die durch das ungeheure Geschehen in ihrer interpretierten Folgerichtigkeit von Ursache und Wirkung dann zu extremen Ausformungen gelangen. Das gilt vor allem für den aus der Bibel bekannten Mechanismus von Lohn und Strafe, der natürlich umstrittensten Interpretationslinie, die zugleich biblisch am nächsten liegt. Krawcowicz bemerkt nicht zu Unrecht, dass gerade jene Gelehrten, die noch in den Gettos die Verfolgung als Strafe für ein Fehlverhalten des jüdischen Volkes verstanden und später selbst ermordet wurden, vielleicht angesichts des ihnen zum Zeitpunkt ihres Schreibens unzugänglichen Wissens über das Ausmaß der Unmenschlichkeit und der Katastrophe ihr Meinungen auch hätten revidieren können (wie es einer von ihnen, Rabbi Kalonymos Kalman Shapira, noch während seiner Zeit im Warschauer Getto teilweise tat, indem er seine eigenen Glaubensprobleme thematisierte).

Doch auch in der Nachkriegszeit blieben biblische Muster ein Grundbestand der Schoa-Theologie. Die ‚Schuld' für die Vernichtung (die, das ist wichtig zu vermerken, nicht eine Entschuldung der Täter etwa als ‚willenlose Werkzeuge Gottes' bedeutete) wurde je nach Ideologie auf unterschiedliche Formen eines behaupteten Fehlverhaltens gelegt, was faktisch eine Fortschreibung früherer Vorwürfe war, die nun aber in ihren Konsequenzen noch weit drastischer formuliert wurden: dem Zionismus (indem er Gottes Weltenplan durch eine unzeitgemäße, dazu noch von säkularen Zielsetzungen motivierte Sammlung der Juden im Heiligen Land vorgreifen wollte); der Assimilation (als Verrat am Judentum und fehlgeleitete Anpassung an das Fremde); dem Antizionismus (als einem Sicheinrichten in der Diaspora und damit einer Verschmähung des von Gott verheißenen Landes). Der einander diametral widersprechenden Schuldvorwürfe ungeachtet: Das Schuldmuster hat tatsächlich seine Ursachen in einer überlieferten jüdischen Diagnose historischen Verhängnisses, deren bekanntester Ausdruck die liturgische Formel „wegen unserer Sünden wurden wir aus unserem Land vertrieben" darstellt. Doch der (in der Forschung meist übersehene) markante Unterschied zu diesem Muster, dem sich diese Argumentationen scheinbar einschreiben, besteht darin, dass in ihnen das Verhängnis immer die Schuld einer jeweils anderen Gruppierung innerhalb des Judentums ist – aus „unserer Schuld" wird damit faktisch „eure Schuld", was den paradigmatischen Bezug stark relativiert.

Andere, um Neutralisierung genau dieser Frage bemühte, aber ebenfalls der Tradition verpflichtete Erklärungsmodelle wichen auf das biblische Buch Hiob aus – die Leiden des (am Ende entschädigten) Gerechten Hiob verweisen auf das unerklärliche, aber im göttlichen Weltenplan integrierbare vorübergehende ‚Sichverbergen' (hebr.: hester panim) Gottes.

Nebst jenen Meinungen, die eine Existenz Gottes oder irgendeinen Bezug zwischen ihm und dem Judentum radikal leugneten, wie der amerikanisch-jüdische Theologe Richard Rubenstein (der dies jedoch, wie Krawcowicz zeigt, auch unabhängig vom Bezug auf Auschwitz schon getan hatte),[22] faktisch also mit der Möglichkeit der Entzifferung einer göttlichen Sprache auch Gott selbst als Bezugsgröße ablehnten, gab es auch jene, die entweder Gottes Allmacht bestritten, um seine Allgüte und sein Allwissen zu retten (wie Hans Jonas in seiner Schrift *Der Gottesbegriff nach Auschwitz*[23]) oder eine radikale Trennung zwischen Gottes Existenz und menschlichen Verbrechen zogen (wie Jeschajahu Leibowitz).

Hier soll, im letzten Teil dieses Essays, in aller Kürze das Augenmerk auf einige prominente und wirkmächtige Interpretationen gelegt werden, die auf eine in dieser Wucht nie gekannte Deutung göttlicher Sprache durch die historischen Ereignisse der jüngsten Vergangenheit im Judentum verweisen. Ohne Kenntnis dieser

Lektüren zeitgenössischer Ereignisse als Ausdruck göttlichen Sprechens ist das Verstehen wichtiger jüdischer Strömungen der Gegenwart kaum möglich.

Aus Anlass des Unabhängigkeitstags Israels im Mai 1956 hielt Rabbi Joseph B. Soloveitchik in New York eine Rede, die zur Grundlage des Buches *Kol Dodi Dofek. Listen – My Beloved Knocks* wurde. Soloveitchik, der weiter oben als Autor des Werks *Halakhic Man* genannt wurde, dessen hebräische Erstausgabe er 1944 veröffentlichte und in dem sich keinerlei Hinweis auf die damals in Europa sich abspielenden Vorgänge befanden, zielte hier ein gutes Jahrzehnt später ganz unmittelbar auf eine theologische Interpretation der Zeitgeschichte und Gegenwart ab, und zog daraus seine Schlüsse. Im Versuch der Einordnung des Holocaust vertritt Soloveitchik die in der modernen Orthodoxie verbreitete These des „hester panim", und mit dem Titel seines Textes bezieht er sich auf eine Bibelstelle im Hohenlied (Hld 5,2-6), in dem der Geliebte nachts bei seiner Braut anklopft, doch diese verzögert aus nichtigen Bedenken das Aufstehen – bis sie ihm öffnet, ist er wieder verschwunden und lässt sie verzweifelt zurück. Dieses Bild verwendet Soloveitchik, um Gottes Intervention in die zeitgenössische jüdische Geschichte zu beschreiben. An das „Zelt der Geliebten", die „inmitten einer Nacht der Schrecken von Majdanek, Treblinka und Buchenwald, in einer Nacht von Gaskammern und Krematorien; in einer Nacht von totalem göttlichen Selbstverbergen […] sich auf ihrem Bett herumwarf und wälzte, heimgesucht von den Konvulsionen und Agonien der Hölle", habe ihr Liebhaber geklopft. „Wegen des Schlagens und Klopfens an die Tür der trauervollen Geliebten wurde der Staat Israel geboren."[24] Er verweist auf sechs göttliche „Klopfzeichen", beginnend mit der UN-Deklaration zur Gründung eines jüdischen Staats 1947 und dem gewonnenen Unabhängigkeitskrieg von 1948 bis hin zur neuen politischen und theologischen Achtung des Judentums in der Welt und der Beheimatung für Juden in einem Land, aus dem sie nicht vertrieben werden können.

Die Rede, gehalten während der Entwicklung der von Israel für lebensbedrohlich gehaltenen Suezkrise, mündet in einen Aufruf an das amerikanische Judentum. Begleitet vom Eingeständnis, dass die Juden der USA angesichts der Vernichtung des europäischen Judentums die Möglichkeiten eigenen Eingreifens bei Weitem nicht ausgeschöpft und damit Schuld auf sich geladen hätten, warnt Soloveitchik davor, diesen Fehler angesichts der Gefährdung Israels erneut zu machen, und drängt darauf, mit allen nur möglichen Mitteln für Israel einzustehen. „Wir haben nur etwas zu tun: die Tür dem Geliebten zu öffnen, der uns Zeichen gibt, und sofort werden alle Gefahren verschwinden."[25]

Soloveitchiks Text ist nicht unmittelbar messianisch ausgerichtet, enthält aber doch die Aussicht auf Erlösung und nicht zuletzt auch die Hoffnung, dass die mehrheitlich säkulare zionistische Bewegung am Ende, wenn Israel anerkanntes Mitglied der Nationenfamilie sein würde, auch zu Gott zurückfinden würde. Fern davon, die Schoa als Strafe für ein Fehlverhalten zu deuten, sieht der Rabbi sie doch als Fanal einer Preisgegebenheit, der nun mit einem Erkennen von Gottes „Klopfen" und dem Ergreifen der Chance zur Erlösung entsprochen werden müsse.

Während Soloveitchiks Position für das modern-orthodoxe Judentum der USA und dessen Einstellung zum Zionismus von nachhaltiger Bedeutung war, ist dennoch eine andere aus den USA hervorgehende, dezidiert messianische Gruppierung noch weit wirkungsvoller und zu einem Global Player in der jüdischen Welt geworden, nämlich die chassidische Bewegung Chabad Lubavitch. Rachel Elior hat in einem Aufsatz wenige Jahre nach dem Hinschied ihres siebten und letzten Anführers, Rabbi Menachem Mendel Schneerson (1902–1994) gezeigt, wie diese Bewegung, deren Anfänge in das 18. Jahrhundert zurückreichen, mit der Ankunft von dessen Vorgänger und Schwiegervater, Rabbi Yosef Yitzhak Schneerson, 1940 in den USA eine messianische Tendenz erhielt. Den jeweiligen historischen Situationen angepasst verbreitete die Bewegung eine beispiellose innerjüdische Mission, die sich bei der Mehrheit ihrer Anhänger bis hin zur Überzeugung verfestigte, der siebte Rabbi (der keine eigenen Kinder und keinen Nachfolger ernannt hatte), sei zwangsläufig der Messias – eine Überzeugung, die auch dann nicht erlosch und sich geradezu zur Glaubensfrage auswuchs, als der Rabbi zuletzt mit über neunzig Jahren gut zwei Jahre lang bis zu seinem Tod im Koma lag. Elior hat darauf hingewiesen, dass gerade diese letzte Wendung eines paradoxen Messiasglaubens Ähnlichkeit mit der über die Apostasie des Sabbatai Zwi hinausgehenden Überzeugung seine Anhänger habe, wogegen deren Abfall vom Judentum im Kontrast zur weiterhin streng gepflegten Orthodoxie der Lubavitcher stehe.[26]

Im Zusammenhang mit der Frage der göttlichen Sprache ist hier relevant, dass die messianische Neuorientierung von Chabad Lubavitch in den frühen Vierzigerjahren erst den Boden für die später viel breitere messianische Strömung bereitete. Schaut man sich die erste Proklamation des im Jahr zuvor in New York angekommenen Rabbi Yosef Yitzhak Schneerson vom 26. Mai 1941 an, wird der Kontext deutlich. Schneerson nimmt dabei zweierlei in den Blick: die Verfolgung der Juden Europas und die Hoffnung der Juden in den USA, „dass das jüdische Volk durch den Sieg der Welt-Demokratie gerettet würde".[27] Diese sehr weltliche Perspektive auch vieler der orthodoxeren US-Juden kollidierte mit Schneersons Überzeugung, dass die in Europa herrschende Not ein untrügliches Zeichen der schmerzhaften „Geburtswehen des Messias" sei, dessen Kommen unmittelbar bevorstehe, wenn man ihm den Boden bereite. Nur der Messias, so beschwor er seine Leser mit wachsender Dringlichkeit auch in den folgenden Monaten und Jahren, könne vor dem Untergang retten – die unmittelbar verfolgten europäischen, aber auch die sich in falscher Sicherheit wiegenden amerikanischen Juden.

Anders als fünfzehn Jahre nach ihm Soloveitchik im Zusammenhang mit dem Einstehen für Israel forderte Yosef Yitzhak Schneerson von seiner Anhängerschaft in dieser Phase nicht so sehr finanzielles und politisches Engagement, sondern weit mehr innere Einkehr und Beschäftigung mit der Tora. Das Ende des Kriegs, das letztlich dann eben doch den Sieg der Demokratien (gemeinsam mit Stalins Sowjetunion) über den NS-Staat bedeutete, und das Erfassen des Ausmaßes des Grauens in den Vernichtungslagern bremste zunächst, wie Elior schildert, den messianischen Impetus der Bewegung (aber nicht ihre im Aufbau befindlichen sozialen Institutionen), und die Gründung Israels wurde von ihr mit Stillschweigen übergangen.[28] Erst als 1951, im Jahr nach dem Tod des Schwiegervaters, Menachem Mendel Schneerson die Leitung übernahm, wurde nicht nur nach und nach ein weltweites Netz von Vertretern der Bewegung aufgebaut und der messianische Gedanke wiederaufgenommen und geradezu zum Wahrzeichen der Bewegung (symbolisiert unter anderem durch den populär gewordenen Slogan „We want Moshiach now“), sondern auch Israel als Realität ebenso wie als Wirkungsort entdeckt und erschlossen.[29]

Der Staat Israel selbst steht aber nicht im Zentrum des messianischen Denkens von Chabad. Das konsequent messianische Fortdenken der Gründung Israels im Sinne einer evolutionär-irreversiblen göttlich-historischen Erlösungstat hat vielmehr eine andere Bewegung internalisiert und in die Gesellschaft und Politik Israels getragen, nämlich die rechte Strömung des nationalreligiösen Judentums. Dieses kann sich immerhin darauf berufen, dass ein evolutionär messianisches Denken schon in seinen vor der Schoa liegenden Anfängen zu finden ist. Der Vordenker dieser Richtung, Rabbi Abraham Isaac Kook (1865–1935), sah schon vor dem Ersten Weltkrieg die sogenannte 2. Alijah (Immigrationswelle) vornehmlich sozialistischer, betont säkularer Zionistinnen und Zionisten, deren Lebensstil und Denkweise ihm zuwider waren, deren Ankunft aber dem zionistischen Projekt einer Rückkehr der Juden ins Land Israel einen Schub verlieh, als Ausdruck des göttlichen Handelns. Seine messianischen Hoffnungen verdichteten sich noch, als 1917 die Balfour-Deklaration das Einstehen Großbritanniens für die Errichtung einer nationalen jüdischen Heimstätte in Palästina zusagte.

Durch die Schoa, die zwischen dem Tod Rabbi Kooks und der Staatsgründung lag, verstärkte sich auch im religiösen Zionismus das messianische Dringlichkeitsdenken noch einmal, und insbesondere der dramatisch schnelle und überwältigende Sieg im Sechstagekrieg von 1967, der die Stammgebiete des biblischen Judäa und den Tempelberg unter israelische Herrschaft brachte, wurde von dieser Bewegung als untrügliches göttliches Zeichen der nahenden messianischen Zeit gelesen. Dabei wurde göttliche Sprache zunehmend nicht mehr nur in den historischen Ereignissen bzw. den Eroberungen gelesen, vielmehr wurde die postulierte Heiligkeit des Landes selbst zur Chiffre eines prämessianischen Zustands.

Dabei erweiterte sich nicht zuletzt das Lesen der göttlichen Sprache von den historischen oder zeitgenössischen Ereignissen auf das Land und den Staat selbst. Ein sprechendes Beispiel dafür ist ein Zitat von Rabbi Eliezer Waldman (1937–2021), Rektor der Jeschiwa (Talmudhochschule) in der Siedlung Kirjat Arba und einer der führenden Gelehrten der Siedlerbewegung, der zeitweise auch Knessetmitglied war:

> Unser Staat, der Staat Israel, der Schemel von Gottes Thron auf der Welt – dies ist in Wirklichkeit der Zweck dieses Staates seit seiner Gründung gewesen. Sein Zweck ist, die Einheit zwischen den erhabensten göttlichen Werten und ihrer Ausprägung durch Israel in der Welt zu offenbaren.[30]

Die Aufladung des Begriffs „Schemel von Gottes Thron“ erschließt sich erst vollständig, wenn man ihn in seinem exegetischen Zusammenhang sieht. Er beruht auf der Bibelstelle Ps 99,5 – einem Vers, der traditionellen Jüdinnen und Juden vor allem deswegen vertraut ist, weil er an prominenter Stelle im Gottesdienst gesagt oder gesungen wird: während des feierlichen Hinübertragens der Torarolle von ihrem Schrein zum Vorlesepult. In der Exegese (etwa bei den wichtigen mittelalterlichen Exegeten Abraham Ibn Esra, David Kimchi oder Menachem Hameiri) wird Gottes Fußschemel auf Erden durchweg mit dem Jerusalemer Tempel identifiziert. Dem Staat Israel wird somit in Waldmans Worten eine sakrale Funktion gegeben, in der bereits die Vorwegnahme des in messianischer Zeit noch zu errichtenden Tempels enthalten ist.

Dies lässt nicht zuletzt auch Rückschlüsse auf die politische Zielsetzung zu, die in Israels Staatsform einer modernen Demokratie nach westlichem Vorbild eher einen Übergang als die Erfüllung staatlicher Existenz sieht. Der israelische Philosoph Aviezer Ravitzky, der das Zitat Waldmans in seinem Grundlagenwerk zum modernen jüdischen Messianismus anführt, bemerkt dazu, der jüdische Staat würde damit zu einem „integralen theopolitischen Ganzen, dessen Existenz auf die Realisierung eines ‚Gottesstaats' ausgerichtet" sei.[31] Vor diesem Hintergrund wird dann verständlich, dass die Rückgabe von Gebieten oder „territoriale Kompromisse" zur Gründung eines palästinensischen Staates von Trägerinnen und Trägern dieser Ideologie nicht so sehr aus Sicherheitsgründen oder unmittelbar politischen Besitzansprüchen abgelehnt werden, sondern als eine Form der Blasphemie, zu der die aktuelle Übergangsform, in der sich das jüdische Staatswesen befindet, kein Mandat hat und die den von Gott gewiesenen historischen Heilsweg abschneiden und seinen Fußschemel auf Erden demolieren würde. Untergründig schwingt dabei die Angst vor den Folgen einer Verschmähung eines in dieser Denkrichtung klar formulierten Vektors göttlichen Handelns mit, das Trauma des letzten „Sichverbergens" Gottes, der von seinem Volk nichts mehr wissen will. Und jedenfalls würde eine Aufgabe eroberter

Gebiete, was aus dieser Perspektive kaum weniger schlimm ist, die Katastrophe der Schoa, die Rabbi Zwi Jehuda Kook (1891–1982), der Sohn von Rabbi Abraham Isaac Kook und eine Führungsfigur der frühen Siedlungsbewegung, als eine Art unvermeidlicher „Reinigung“ des Volkes „von der Unreinheit des Exils […] einen grausamen göttlichen Eingriff mit dem Ziel, die Juden gegen ihren Willen ins Land Israel zu bringen“, bezeichnet hat,[32] in ihrem historischen Zweck entwerten, dem Tod der Millionen noch die Last der Sinnlosigkeit aufbürden.

Man kann von dieser Entwicklung der Geschichtsdeutung als einer Form der sekundären Prophetie zwischen Trauma und Verheißung sprechen, die nicht mehr den Text, sondern das Weltgeschehen selbst auf Gottes Stimme hin ‚liest‘, und die entsprechenden Schlüsse für das Schicksal des jüdischen Kollektivs daraus zieht. Dass diese sekundäre Prophetie nicht zwangsläufig einer politisch kompromissbereiten Haltung entgegensteht, zeigt sich am Beispiel eines anderen prominenten israelischen Gelehrten, Rabbi Yehuda Amital (1924–2010). Der Leiter einer bedeutenden nationalreligiösen Jeschiwa zeigte etwa in seiner Deutung des für Israel verlustreichen, aber am Ende überstandenen Jom-Kippur-Kriegs von 1973 ein klar von einem Heilsgeschehen ausgehendes Bild des Gegenwartsgeschehens in der Linie von Rabbi Abraham Isaac Kook. Dennoch unterschied ihn vom Mainstream der Siedlungsbewegung, dass er die Hauptaufgabe Israels nicht in einem Festhalten der eroberten Gebiete, sondern in innerer Einkehr und der Schaffung von Gerechtigkeit sah.[33] Amital wurde deshalb zur Führungsfigur des (kleinen) nationalreligiösen Friedenslagers in den Achtziger- und Neunzigerjahren des letzten Jahrhunderts und bekleidete 1995–96 für einige Monate einen Ministerposten in der dem Oslo-Abkommen mit den Palästinensern verpflichteten Regierung unter Yitzhak Rabin.

Insgesamt zeigt sich, dass das Judentum durch die Staatsgründung und -etablierung Israels an einer Wegscheide steht, die theologisch wieder sehr viel stärker in die Richtung einer biblischen Gottesauffassung laufen und die Strategien der Sublimierung der rabbinischen, philosophischen und kabbalistischen Zeit zwar nicht abschaffen, aber gegenüber einem Anspruch auf Unmittelbarkeit der Begegnung mit Gott entweder marginalisieren oder in Dienst nehmen könnte. Die Halacha dient einer solchen Perspektive vor allem als gesetzliche Legitimationsbasis, etwa durch die Reaktivierung jener Gesetze, die eng mit dem Land Israel verbunden sind, und vor allem einer Beförderung zum Neubau des Jerusalemer Tempels, dessen Wiedererrichtung gleichsam Symbol der erreichten Erlösung wäre. Die Kabbala, starke Inspirationsquelle gerade von Rabbi Abraham Isaac Kook, bietet jene Vorlage der Verbindung von Himmel und Erde, die in der Diktion eines transzendenten Bezugs des Staats, wie ihn etwa Eliezer Waldman geäußert hat, unverzichtbar ist. Insofern ist auch hier die Verflechtung aller drei ‚Sprachen' Gottes unübersehbar.

Fazit

Mit dem Blick auf die *longue durée* des jüdischen Zugangs zur Frage einer göttlichen Sprache ist erkennbar, dass das deklarierte Ende der Prophetie und der Zusammenbruch territorialer und ritueller Zentren neue Äußerungsformen verlangte, die auf die Kohäsionskraft einer autoritativen Instanz verweisen konnten. Dazu bot sich in erster Linie das Gesetz an, das allerdings zunächst, in den Jahren des Zweiten Tempels, Austragungsebene politischer und sozialer Konflikte war. Funktion und Verständnis des Gesetzes nicht nur als Leitplanke einer überregional identifikationsstiftenden Lebensform, sondern auch als kreative, menschliche und zugleich auf die Tora als „Gottes Wort" referierende Form des offenen, ja konfrontativen Diskurses in der Endzeit und nach der Zerstörung des Zweiten Tempels schaffte dann aber nicht nur eine Festigung, sondern eine regelrechte Dynamisierung des Judentums, die in Kontrast zur (im Neuen Testament, wenn auch tendenziös, angedeuteten) geistig-moralischen Stasis des religiösen Establishments in der ausgehenden Tempelzeit stand.

Der Selbstermächtigung, die diesem Diskurs zugrunde lag, hat das Judentum nachhaltig geprägt. Der Umgang mit dem Gesetz wurde in der Folge dauerhaft von einem rein normativen Funktionsverständnis hin zu seiner intellektuellen Herausforderung verschoben. Grundsätzlich war es demnach jedermann möglich, an der „Sprache Gottes" als Lernender der talmudischen Literatur zu partizipieren, im Sinne kreativen interpretativen Agierens.

Die stärkere Hinwendung zu Philosophie und Mystik im Hoch- und Spätmittelalter und damit die Verlagerung der göttlichen Sprache in die Sphäre einer (nach Maimonides) pädagogisch verzerrten bzw. (nach der Kabbala) in Emanationen verborgenen Sprache des Göttlichen muss mit dem starken Einfluss der herrschenden Religionen Islam und Christentum in Verbindung gebracht werden. Dies ist zunächst klar erkennbar, wenn man die über die islamische Philosophie vermittelten Einflüsse des griechischen Denkens in der jüdischen Philosophie des Mittelalters verortet. Doch hat etwa Arthur Green in seiner Einführung zum zentralen kabbalistischen Werk, dem Sohar, auch gezeigt, dass die Annäherung an die göttlichen Emanationen samt der damit verbundenen erotischen Aufladung (in der Begegnung männlicher Kabbalisten mit den „weiblichen Seiten" Gottes) aus der christlichen Mariologie heraus verstanden werden müsse – wobei sich die Kabbala gerade als jüdische Gegenbewegung gegen ein das Judentum entwertendes und die Juden unter Taufdruck stellendes Christentum verstand.[34] Dass die unterschiedlichen Ausläufer dieser Entrückung der Sprache Gottes in den Pantheismus Spinozas, den Panentheismus des Chassidismus oder den häretischen Messianismus der Sabbatianer übergingen, zeigt vor allem, dass hier das Gottesbild der Neuzeit als ein sich wandelnden Naturauffassungen verfügbares vorbereitet wurde.

Dass im 19. Jahrhundert, durchaus verbunden mit dem Aufkommen des Nationalgedankens, die Auffassung einer sich vollendenden Entelechie des Geistes, wie sie in der Aufklärung zu ihrem Höhepunkt gelangte, von einer Teleologie sich neu definierender Kollektive abgelöst wurde, hat dem messianischen Denken im Judentum neuen Schub verliehen. Der jähe Bruch, den dabei die Schoa markierte, und die Gründung Israels bzw. dessen Eroberungen im Sechstagekrieg von 1967 haben einerseits den Fortschrittsoptimismus dieses evolutionären Denkens beendet, andererseits aber den messianischen Impetus im Sinne einer göttlichen Äußerungsform durch extreme Ereignisse von Untergang und Erlösung massiv verstärkt. Es geht wesentlich auf die Gründung dieses Staates zurück (der, wohlgemerkt, für antizionistische Teile der Ultra-Orthodoxie die selbst verschuldete Verlängerung der Katastrophe bedeutet), dass sich ein Judentum ausbildet, dem die Halacha allenfalls noch als Hilfskonstruktion bei der Erlangung eines nun wieder direkt an biblischem Bundesgeschehen orientierten Zusammengehens von Gott und Israel erscheint. Der Anspruch, Gottes Sprache und damit auch Gottes Intentionen aus den Ereignissen der jüngeren Vergangenheit und Gegenwart zu lesen, wird hier als sekundäre Prophetie bezeichnet.

Als Konstanz der göttlichen Sprache in der jüdischen Geschichte lässt sich deshalb nur die durchgehende Idee ausmachen, Gott aus dem Judentum heraus (und sei es in Form der bewussten Häresie dagegen) zu verstehen. Dass die Entwicklung des Verständnisses dieser göttlichen Sprache damit an ihr Ende gekommen ist, wird man dann glauben, wenn man die Gewissheit eines Anbruchs der Endzeit teilt.

Anmerkungen

1 Vgl. Shaye D. Cohen: The Origins of the Matrilineal Principle in Rabbinic Law. In: AJS Review, Bd. 10, Nr. 1 (Frühjahr 1985), S. 19–53.

2 Yeshayahu Leibowitz: Seven Years of Discourses on the Weekly Torah Reading (hebr.). Jerusalem 2000, S. 338.

3 Chaim N. Saiman: Halakhah: The Rabbinic Idea of Law. Princeton 2018, S. 31.

4 Moshe Simon-Shoshan: „These and Those are the Words of the Living God, but …": Meaning, Background and Reception of an Early Rabbinic Teaching. In: AJS Review (2021), S. 1–29.

5 Joseph Dov Soloveitchik: Halakhic Man. Translated by L. Kaplan. Philadelphia PA 1983.

6 Joseph B. Soloveitchik, Halakhic Man, Commentary by Shlomo Zuckier. In: Yehuda Kurtzer, Claire E. Sufrin (Hrsg.): The New Jewish Canon. Brookline MA 2020, S. 229–233; 232. (Übersetzung AB)

7 Nehama Verbin: Wittgenstein and Maimonides on God and the Limits of Language. In: European Journal for Philosophy of Religion 3/2 (Autumn 2011), S. 232–345; 343f. (Übersetzung A.B.)

8 Kenneth Seeskin: From Maimonides to Spinoza. Three Versions of an Intellectual Transition. In: The Oxford Handbook of Spinoza, hrsg. v. Michael Della Rocca, New York 2018, S. 45–62; 60. (Übersetzung A.B.)

9 Joseph Dan: Die Kabbala. Eine kleine Einführung. Aus dem Englischen übersetzt von Christian Wiese. Stuttgart 2007, S. 14f.

10 Dan: Kabbala, S. 76f.

11 Christoph Schulte: Zimzum. Gott und Weltursprung. Berlin 2014, S. 9. (Hervorh. i. O.)

12 Schulte: Zimzum, S. 30.

13 Ariel Evan Mayse: Speaking Infinities. God and Language in the Teachings of Rabbi Dov Ber of Mezritsh. Philadelphia 2020, S. 129.

14 Gershom Scholem: Sabbatai Zwi. Der mystische Messias. Ins Deutsche übertragen von Angelika Schweikhart. Frankfurt a.M. 1992, S. 33. (Hervorh. i. O.)

15 Gershom Scholem: Judaica 5. Erlösung durch Sünde. Herausgegeben, aus dem Hebräischen übersetzt und mit einem Nachwort versehen von Michael Brocke, Frankfurt a.M. 1992, S. 31.

16 Michael Brocke: Nachwort in: Scholem: Judaica 5, S. 141.

17 Yosef Hayim Yerushalmi. Zachor: Erinnere Dich! Jüdische Geschichte und jüdisches Gedächtnis, aus dem Amerikanischen von Wolfgang Heuss, Berlin 1988, S. 96.

18 Yerushalmi: Zachor, S. 99.

19 Amos Funkenstein: Jüdische Geschichte und ihre Deutungen. Aus dem Englischen von Christian Wiese, Frankfurt a.M. 1995, S. 31.

20 Philipp Lenhard: Volk oder Religion? Die Entstehung moderner jüdischer Ethnizität in Frankreich und Deutschland 1782–1848. Göttingen 2016, S. 119.

21 Barbara Krawcowicz: History, Metahistory, and Evil. Jewish Theological Responses to the Holocaust. Boston 2020, S. 40. (Übersetzung A.B.)

22 Krawcowicz: History, S. 183.

23 Hans Jonas: Der Gottesbegriff nach Auschwitz. Eine jüdische Stimme, Frankfurt a. M. 1987.

24 Rabbi Joseph B. Soloveitchik: Kol Dodi Dofek. Listen – My Beloved Knocks. Übersetzt und kommentiert von David Z. Gordon, New York 2006, S. 31. (Übersetzung A.B.)
25 Soloveitchik: Kol Dodi Dofek, S. 80.
26 Rachel Elior: The Lubavitch Messianic Resurgence: The Historical and Mystical Background 1939–1996. In: Peter Schäfer, Mark Cohen (Hrsg.): Toward the Millenium. Messianic Expectations from the Bible to Waco. Leiden 1998, S. 383–408; 404f.
27 Yosef Yitshak Schneerson. In: Steven T. Katz, Shlomo Biderman, Gershon Greenberg (Hrsg.): Wrestling with God. Jewish Theological Responses during and after the Holocaust. New York 2007, S. 171–190; 173.
28 Elior: Lubavitch Messianic Resurgence, S. 391.
29 Ebd., S. 393.
30 Aviezer Ravitzky: Messianism, Zionism, and Jewish Religious Radicalism. Chicago 1996, S. 83.
31 Ravitzky: Messianism, S. 83.
32 Ebd., S. 80.
33 Motti Inbari: Messianic Religious Zionism Confronts Israeli Territorial Compromises. Cambridge 2012, S. 75f.
34 Arthur Green: A Guide to the Zohar. Stanford 2004, S. 86–98.

Der Fenitzer Psalter stammt aus dem 13. Jahrhundert. Das Kalenderblatt des Monats September (kenntlich gemacht durch die Waage oben links) stellt die Verbindung von menschlicher Zeit, göttlichem Wort und aufmerksamer Naturbeobachtung dar. Auf der rechten Seite ist Markus zu sehen, der als Verfasser des gleichnamigen Evangeliums gilt. Links stehen die Gedenktage und Feste für den September. Im oberen Dreiviertelkreis auf der rechten Seite wird die Ernte von Früchten dargestellt, was auf das Naturverhältnis des Menschen im September anspielt, aber auch als religiöses Motiv gedeutet werden könnte. (Bildnachweis: Archiv der Ev. Landeskirche Bayern/akg-images)

„Eines hat Gott gesprochen, zweierlei habe ich gehört." Über die Sprache Gottes als Thema christlicher Theologie

Michael Seewald

Einleitung: Drei Bedeutungen von „Sprache"

Da die Bibel Gott als einen sprechenden Gott, einen *Deus loquens* (Jes 45,19), verkündet, ja sogar davon ausgeht, Gott habe „viele Male und auf vielerlei Weise" gesprochen (Hebr 1,1), ist es aus Sicht des christlichen Glaubens nicht abwegig, über die Sprache Gottes nachzudenken. Die Frage – welche Sprache spricht Gott? –, die diesem Bändchen seinen Titel gibt, könnte so verstanden werden, als ginge es darum, welche Einzelsprache Gott spreche: Hebräisch oder Griechisch, wenn man an die Bibel denkt, oder Arabisch, die Sprache des Korans, vielleicht auch Latein, die Liturgiesprache der römischen Kirche? Die Frage so zu deuten, ist unergiebig, ihr zumindest kurz nachzugehen jedoch nicht ohne Reiz, weil sich auf diesem Wege einige Unterscheidungen dessen gewinnen lassen, was unter dem Begriff der Sprache verstanden werden kann.

Hilarius von Poitiers, ein Bischof, der in der ersten Hälfte des 4. Jahrhunderts lebte, schrieb, dass das Geheimnis des göttlichen Willens, das *sacramentum uoluntatis Dei,*[1] sich in drei Sprachen kundtue: auf Hebräisch, Griechisch und Latein. Hilarius bezieht sich dabei auf das Johannesevangelium. Dort wird erzählt, Pontius Pilatus, der römische Präfekt von Judäa, der Jesus zum Tod verurteilte, habe eine Inschrift anfertigen und über dem Kreuz aufhängen lassen. „Die Inschrift war hebräisch, lateinisch und griechisch abgefasst" (Joh 19,20). Die Heilsbedeutung des Todes Jesu, den der Verfasser des Johannesevangeliums in seinem Prolog als fleischgewordenes „Wort" (Joh 1,14) vorstellt – auch ein Begriff, der zum semantischen Feld von Sprache und Sprechen gehört –, wird der Welt somit in hebräischer, griechischer und lateinischer Sprache kundgetan. Warum in diesen Sprachen?

Die naheliegende Antwort, dass die Inschrift des Kreuzes sich des Lateinischen als römischer Amtssprache, des Griechischen als im östlichen Mittelmeerraum verbreiteter Umgangssprache sowie des Hebräischen als in Jerusalem gepflegter Hochsprache bediente, genügte den christlichen Schriftstellern der späten Antike und des Mittelalters nicht.[2] Der Dichter Prudentius zum Beispiel, der etwas jünger als Hilarius war, gab in seiner *Apotheosis*, einem Lehrgedicht, zu bedenken, die dreisprachige Inschrift auf dem Kreuz Jesu spiele auf den hebräischen Schreibstil (*Hebraeus stilus*), die Fülle Griechenlands (*Attica copia*) und die Beredsamkeit Italiens (*Ausoniae facundia*)[3] an. Er interpretiert den Begriff der Sprache im metonymischen Sinne: Das Hebräische, Griechische und Lateinische stehen für unterschiedliche Aspekte, die über einzelne Sprachen hinausgehen. Prudentius zufolge gibt sich das göttliche Wort in den Heiligen Schriften der Hebräer zu verstehen, es kann aber auch mithilfe der griechischen Philosophie durchdacht werden und lässt sich durch die Rhetorik der Römer verkünden. Das empfangende Moment des christlichen Glaubens, seine Durchdringung mithilfe einer geschulten Vernunft und seine Verkündigung – kurz gesagt: der Bezug auf die Bibel, die Unentbehrlichkeit philosophischen Denkens und die Notwendigkeit, das Gelesene und Gedachte wiederum ins Wort zu fassen – sind, so könnte man Prudentius deuten, untrennbar miteinander verbunden.

Der Begriff der Sprache ist also mehrdeutig. Es lassen sich mindestens drei Ebenen unterscheiden.

Sprache kann erstens als bedeutungsvermittelndes Zeichensystem verstanden werden (Sprache 1). Wenn in einem solchen Zusammenhang von Einzelsprachen, etwa dem Hebräischen oder Griechischen, dem Deutschen oder Französischen, die Rede ist, bezieht sich dies auf Fragen des Wortschatzes, der Grammatik oder Regeln der Aussprache, aber auch auf Funktionen, die bestimmten Ausdrücken zugeordnet werden. Mittels des „Gewebe[s]"[4] einer Sprache kann zum Beispiel etwas bezeichnet werden (man nennt dies die semantische Funktion der Sprache), es kann etwas behauptet oder verneint werden (was als kataphatische oder apophatische Funktion umschrieben wird), es können Sätze zu logischen Zusammenhängen verbunden werden (man spricht dann von der syllogistischen Funktion der Sprache), oder es können komplexe Begriffe gebildet werden (womit die Sprache noetische Funktion entfaltet).[5] Vor allem der letztgenannte Aspekt der Begriffsbildung ist in den Einzelsprachen unterschiedlichen Bedingungen unterworfen.

Sprache kann daher zweitens auch die „Sprachwelten" umschreiben, die die Artikulation bestimmter Einsichten erst ermöglichen (Sprache 2). Denn Sprache ist „nicht nur ein reproduktives Instrument zum Ausdruck von Gedanken", sondern es ist die Sprache, die „vielmehr selbst die Gedanken formt, Schema und Anleitung für die geistige Aktivität des Individuums ist, für die Analyse seiner Eindrücke und für die Synthese dessen, was ihm an Vorstellungen zur Verfügung steht."[6] Diesem Aspekt wurde in linguistisch sensibilisierten Strömungen der Sprachphilosophie besondere Aufmerksamkeit geschenkt. Die Sprache ist nicht bloß Werkzeug zur Beschreibung des Gegebenen, sondern sie formatiert die Art und Weise, in der Menschen auf als gegeben

Wahrgenommenes zugreifen. Der sprachliche Ausdruck macht damit, paradoxal formuliert, überhaupt erst „seinen eigenen Inhalt möglich".[7]

Sprache kann drittens über Einzelsprachen und deren Sprachwelten hinausgehend jede aus einer Beobachterperspektive als bedeutungsvoll wahrgenommene „Erscheinungsform des Universums"[8] bezeichnen (Sprache 3). Wenn in der bildenden Kunst etwa von der Formensprache eines Objektes oder in der Musik von der Klangsprache eines Stückes die Rede ist, impliziert dies, dass ein Betrachter dem betreffenden Phänomen etwas Gehaltvolles entnehmen zu können glaubt, das Werk also im metaphorischen Sinne zu ihm spricht, ohne dass es im wörtlichen Sinne anfangen würde, zu parlieren.

Das Wort Gottes und die Gefahr seiner polemischen Indienstnahme

Die beschriebenen drei Ebenen der Sprache sind in unterschiedlicher Weise zugänglich. Wer eine Einzelsprache verstehen oder sprechen will, muss sich Vokabular, Grammatik und Phonetik dieser Sprache aneignen (Sprache 1). Wer Kunstwerken etwas Bedeutsames entnehmen möchte, muss sie interpretieren, was kontrovers vonstatten gehen kann, aber nicht beliebig, da eine gute Interpretation sich neben ihrer subjektiven Note auch durch den diskutablen Bezug zu jenem Gegenstand auszeichnet, den sie auszulegen sucht (Sprache 3). Problematisch bleibt jedoch, wie Zugang zu jenen Aspekten gewonnen werden kann, die den „Hintergrundscharakter der Sprachphänomene"[9] betreffen (Sprache 2).

So nachvollziehbar es erscheint, dass eine Sprache die Welt nicht einfach abbildend darstellt, sondern dass unser Weltzugang durch Sprache erst Gestalt gewinnt, so schwierig ist es, konkrete Charakteristika des mit einer bestimmten Einzelsprache verbundenen Weltzugangs herausarbeiten zu wollen. Bei solchen Versuchen lauern, besonders wenn sie sich mit religiösen Erwägungen und Interessen verbinden, Klischees, die argumentativ so verbaut werden können, dass sie eine Aufwertung der eigenen Glaubensgemeinschaft unter Abwertung anderer Gemeinschaften betreiben.

Klischees über Wahrheit auf Griechisch und Wahrheit auf Hebräisch

Tertullian, der in der Mitte des 2. und zu Beginn des 3. Jahrhunderts lebte, stellte die Frage: „Was also hat Athen mit Jerusalem zu tun? Was die Akademie mit der Kirche?“[10] Athen und Jerusalem werden von ihm als Allegorien eingeführt. Athen, Sitz der platonischen Akademie, repräsentiert die auf Vernunfterkenntnis zielende, philosophische Gelehrsamkeit der Griechen, während Jerusalem als Ort, an dem der Tempel stand und an dem sich Tod und Auferstehung Jesu ereigneten, den Glauben darstellt. Die Frage, was Athen mit Jerusalem zu tun hat (oder besser: seiner Meinung nach zu tun haben sollte), beantwortete der als Jurist zwar gebildete und eloquente, der griechischen Philosophie aber ablehnend gegenüberstehende Tertullian eindeutig: nichts. Wer in der Einfachheit seines Herzens an Jesus Christus glaube, brauche nicht mehr zu forschen oder die Anstrengung philosophischen Denkens auf sich zu nehmen.

Die meisten christlichen Autoren der Antike und des Mittelalters sowie jene Theologen der Neuzeit, die der Philosophie zugetan waren, sind dieser These nicht gefolgt, obwohl sie Tertullian in anderen Bereichen, vor allem was die Profilierung des Lateinischen als einer theologischen Fachsprache angeht (das Wort *trinitas*, wörtlich „Dreieinigkeit“, stellt einen Neologismus Tertullians dar), viel verdanken. Tertullian ist es jedoch gelungen, die begrifflichen Eckpfeiler einer bis in die Gegenwart andauernden Diskussion zu setzen: Man hat die allegorische Aufladung der Städtenamen Athen und Jerusalem beibehalten, die Zuordnung beider unter christlichen Vorzeichen aber so gewendet, dass man das Christentum dafür rühmen konnte, den Gegensatz zwischen Athen und Jerusalem als historisch einmalige Synthese zwischen Wissen und Glauben, Philosophie und Gottesfurcht aufgehoben zu haben.

Unter den Bedingungen der philologischen, linguistischen und vordergründig kultursensiblen Reflexionen in der Theologie des 20. Jahrhunderts wurde diese Einschätzung sprachtheoretisch reformuliert. Besonders einflussreich – darauf ist noch zurückzukommen – war die Ansicht des Kirchenhistorikers Hans von Soden, das Christentum stehe unter dem Einfluss eines „doppelten Wahrheitsbegriffes“: dem „der Juden und de[m] der Griechen, de[m] des orientalischen und de[m] des hellenistischen Geistes […]. Diese im Christentum zur komplexen, spannungsreichen Einheit gewordene Doppelheit des Orients und des Hellenentums bestimmt uns geistesgeschichtlich gesehen ja überhaupt auf allen Lebensgebieten. Die Antike und die Bibel haben uns geschichtlich gebildet und werden somit auch wohl die entscheidenden Faktoren jeder höheren Bildung durch Schule und Hochschule bleiben müssen. Sie können es aber nur bleiben, wenn sie in ihren Sprachen verstanden, und diese Sprachen von uns gelernt werden.“[11]

Von Sodens Ausführungen, die den Wahrheitsdiskurs in der christlichen Theologie und der ihr verbundenen Religionsphilosophie über Jahrzehnte hinweg dergestalt prägten, dass man annahm, der griechische Wahrheitsbegriff beziehe sich auf die Behauptung zutreffender Sachverhalte, während das hebräische Wahrheitsverständnis sich ausschließlich auf die Bewährung von Gottes Bundestreue beziehe,[12] beruhen auf einer allzu schematischen Deutung des Hintergrundcharakters von Einzelsprachen. Das Hebräische wurde als religiös aufgeladene, dafür aber abstraktionsarme Sprache konturiert, während das Griechische als glaubensarmes, dafür aber der Abstraktion fähiges Idiom galt. Umso strahlender erscheint in dieser sprachtheoretisch aufgewärmten Version der alten Frage nach dem Verhältnis von Athen und Jerusalem das Christentum, das seine Glaubensstärke der Tradition des alttestamentlichen Israels entnommen habe und sich zugleich als legitimen Erben der griechischen Philosophie betrachten dürfe.

Eine solche Sichtweise ist nicht nur historiographisch eigenwillig, sondern birgt auch eine spezifisch religiöse Konfliktdynamik, da sie eine vermeintlich sprachsensible Aufwertung des Christlichen unter Abwertung des Jüdischen betreibt. Die Überbietungslogik, der zufolge das Judentum des Christentums bedürfe, um in Kontakt mit der griechischen Philosophie zu kommen und den Glauben so in Verbindung zur philosophisch geschulten Vernunft zu bringen, übersieht, dass es bereits vor der Geburt Jesu mit der griechischen Kultur des östlichen Mittelmeerraums vertraute und scharfsinnig argumentierende Gelehrte jüdischen Glaubens gab – der Bekannteste unter ihnen dürfte Philon von Alexandrien sein, an dessen Logosspekulationen christliche Autoren anzuknüpfen versuchten.

„Ohne die Bedeutung des griechischen Geistes für das Christentum unterschätzen oder gar leugnen zu wollen, bleibt doch die Frage: Hatte denn Israel selbst überhaupt kein Geistangebot an das Christentum und an Europa?“[13] Wo systematisch geschultes Denken von vorneherein in Athen lokalisiert wird, während Jerusalem sich auf das Glauben beschränkt findet, wird die intellektuelle Leistung, die die Autoren der hebräischen Bibel vollbrachten, unterschätzt. In der Tradition des alttestamentlichen Israels wurde nicht nur geglaubt, sondern selbstverständlich auch gedacht. Dass dies biblisch statt in der Form theoretischer Traktate narrativ durch das Erzählen von Geschichte(n), deprekativ durch die betende Hinwendung zu Gott, präskriptiv durch die Formulierung von Geboten und Verboten, admonitiv durch Mahnungen und Trostreden oder sapiential durch weisheitliche Lebensbetrachtungen vonstattenging, bedeutet nicht, dass das in den hebräischen Schriften Gesagte denkerisch anspruchslos wäre. Der Theoretiker der jüdischen Religionsphilosophie Julius Guttmann etwa unterschied zwischen „dem philosophischen Inhalt der jüdischen Religion“

und den zeitbedingt wechselnden Versuchen, ihr „eine philosophische Form zu geben."[14] Die Gotteskonzeptionen, die aus den Schriften des Alten Testamentes sprechen und die Guttmann unter dem Begriff des ethischen Personalismus zu bündeln versuchte, sind philosophisch anspruchsvoll, was jedoch denjenigen entgeht, die unter Philosophie lediglich eine spezifische, an die hellenistische Schulphilosophie angelehnte Form der sprachlichen Darlegung von Gedanken verstehen und Philosophie nicht gegeben sehen, wo diese Form nicht vorhanden ist.

Das Christentum als die dem göttlichen Wort gemäße Religion?

Im September 2006 versuchte der damalige Papst Benedikt XVI. vom römischen Bischofsstuhl, der *cathedra pastoralis* des Petrusnachfolgers, noch einmal auf einen Lehrstuhl, die *cathedra magistralis* des bayerischen Universitätsprofessors, zu steigen. Das Ergebnis war die sogenannte Regensburger Rede.

Unter Bezugnahme auf einen Religionsdialog, den der byzantinische Kaiser Manuel II. Palaeologos Ende des 14. Jahrhunderts mit einem persischen Gelehrten geführt haben soll, betonte der Papst, dass der christliche Glaube nicht mit Gewalt verbreitet werden dürfe, da der Glaube eine Frucht der Seele, nicht des Körpers sei. Mit Gewalt könne man lediglich den Körper bezwingen, die Seele erreiche man hingegen nur durch die Kraft der Überzeugung. Benedikt XVI. führte aus: „Ich denke, dass an dieser Stelle der tiefe Einklang zwischen dem, was im besten Sinn griechisch ist, und dem auf der Bibel gründenden Gottesglauben sichtbar wird. Den ersten Vers der Genesis, den ersten Vers der Heiligen Schrift überhaupt abwandelnd, hat Johannes den Prolog seines Evangeliums mit dem Wort eröffnet: Im Anfang war der Logos. Dies ist genau das Wort, das der Kaiser gebraucht: Gott handelt σὺν λόγω [*syn logo*], mit Logos. Logos ist Vernunft und Wort zugleich – eine Vernunft, die schöpferisch ist und sich mitteilen kann, aber eben als Vernunft. Johannes hat uns damit das abschließende Wort des biblischen Gottesbegriffs geschenkt, in dem alle die oft mühsamen und verschlungenen Wege des biblischen Glaubens an ihr Ziel kommen und ihre Synthese finden."[15] Den Logos, von dem das Johannesevangelium spricht, deutete Benedikt XVI. einerseits als die Vernunft Gottes, die allem Geschaffenen zugrunde liegt, andererseits als das fleischgewordene Wort Gottes, das in Christus ein menschliches Gesicht erhalten hat. Auf diese Weise sollen der Gebrauch der Vernunft und der Glaube an die Menschwerdung Gottes nicht nur kompatibel gemacht, sondern als zwei Seiten einer Medaille ausgewiesen werden. Der göttliche Logos ist demnach am Werk, wenn der Mensch seine Vernunft gebrauchend die Welt zu erklären versucht, und derselbe göttliche Logos ist anzutreffen, wo Menschen sich gläubig auf Jesus beziehen. „Nicht vernunftgemäß handeln, ist dem Wesen Gottes zuwider",[16] so Benedikt XVI.

Was auf den ersten Blick erfreulich klingt, wirft bei näherem Hinsehen Fragen auf. Der Vernunftbegriff Benedikts XVI. ist statisch und wurde in dieser Statik von ihm in Dienst genommen, um die Kirche, der er als Papst vorstand, institutionell zu stabilisieren. Denn wenn der göttliche Logos, Inbegriff der Vernunft schlechthin, in Jesus Mensch wird, Jesus aber zugleich eine Kirche mit amtlichen Strukturen gegründet und dieser Kirche seine Lehre zur Verkündigung anvertraut hat, dann kann Kritik an der kirchlichen Struktur, der kirchlichen Ämtergestalt sowie der kirchlich vorgetragenen Lehre kein Zeichen wachen Glaubens, sondern nur Ausdruck von Unvernunft sein.

Demgegenüber bietet die Tradition christlichen Denkens Vernunftkonzeptionen an, die weniger statisch sind und institutionell nicht derart leicht verzweckt werden können. Thomas von Aquin zum Beispiel, ein Autor des 13. Jahrhunderts und vermutlich der meistrezipierte Denker des Mittelalters, legte eine im wörtlichen Sinne diskursive Vernunfttheorie vor. Thomas zufolge besteht das Proprium vernünftigen Denkens darin, dass sinnliche Daten ausgewertet, analytisch getrennt oder synthetisch zusammengefügt werden und die Vernunft das ihr eigene *ex uno in aliud discurrere*[17] vollzieht, das Hin- und Herlaufen zwischen Bekanntem und Unbekanntem, das sie zu verstehen sucht. Vernunft kann in diesem Sinne keine dauerhaft zuhandene Eigenschaft einer Religion sein. Sie beschreibt vielmehr die Fähigkeit des Menschen, eigenständig zu denken, was wiederum Voraussetzung dafür ist, dass etwas auf seine Vernunftgemäßheit hin geprüft werden kann. Religiöse Institutionen sollten daher Vernünftigkeit nicht reklamieren, indem sie auf ihre göttliche Stiftung durch die menschgewordene Vernunft Gottes verweisen, sondern sie haben ihre Vernunftkonsistenz – die Eigenschaft, der Vernunft nicht zu widersprechen und nicht *contra rationem* zu handeln – je neu zu erweisen.

Die Argumentation Benedikts XVI. hat auch eine interreligiöse Problematik, wie sich am Bild des Islams zeigt, das der Papst in seiner Rede zeichnete. Für die muslimische Glaubenslehre, so Benedikt XVI., von dem nicht bekannt ist, dass er sich je eingehender mit islamischem Denken beschäftigt hätte, sei „Gott absolut transzendent. Sein Wille ist an keine unserer Kategorien gebunden und sei es die der Vernünftigkeit. Khoury zitiert dazu eine Arbeit des bekannten französischen Islamologen R. Arnaldez,[18] der darauf hinweist, dass Ibn Hazm [ein islamischer Gelehrter aus dem Cordoba des 11. Jahrhunderts; M.S.] so weit gehe zu erklären, dass Gott auch nicht durch sein eigenes Wort gehalten sei und dass nichts ihn dazu verpflichte, uns die Wahrheit zu offenbaren. Wenn er es wollte, müsse der Mensch auch Götzendienst treiben.“[19] Während im christlichen Glauben also das Wort Gottes richtig verstanden und sicher bewahrt werde, da er auf Jesus als den menschgewordenen Logos zurückgehe, pflege der Islam ein Offenbarungsverständnis, in dem Gottes Wort keine Verlässlichkeit besitze, Gott also heute dies und morgen jenes verlangen, ja, Menschen sogar bewusst in die Irre leiten könne. Das Christentum als vermeintliche Religion der Vernunft wird so einer Karikatur des Islams als vermeintlicher Religion der Willkür gegenübergestellt. Benedikt XVI. merkt zwar „der Redlichkeit halber" an, dass es auch innerhalb des Christentums Strömungen gegeben habe, die Gemeinsamkeiten mit jenen Tendenzen aufwiesen, die der Papst am Islam kritisiert; der „kirchliche Glaube"[20] jedoch habe sich solchen Fehlentwicklungen immer entgegengestellt. Damit schließt sich der Kreis von institutioneller Apologetik und interreligiöser Polemik.

Vom sprechenden Gott zum Wort Gottes – und zurück zu den Sprachen Gottes

Die Skizzen über Gefahren und Versuchungen, die mit einer Indienstnahme des Wortes Gottes und dem Nachdenken über seine Vermittlung in verschiedenen Sprachen einhergehen, haben bereits verschiedene Motive angedeutet, die für das christliche Verständnis der *locutio Dei attestans*, der bezeugenden Rede Gottes, von Bedeutung sind.[21] Kurz gesagt: Die christliche Theologie spitzt die Frage nach der Sprache Gottes auf das Wort Gottes zu, um nach dieser Fokussierung wieder vom Wort zur Sprache oder gar zu den Sprachen Gottes zu gelangen.

„Viele Male und auf vielerlei Weise hat Gott einst zu den Vätern gesprochen." (Hebr 1,1)

Die christliche Vorstellung eines sprechenden Gottes nimmt ihren Ausgangspunkt nicht erst bei Jesus von Nazareth. Die hebräische Bibel, die von der frühen Kirche meist in ihrer griechischen Fassung, der Septuaginta, gelesen wurde, macht den größten Teil jener Schriften aus, die später unter dem Plural *biblia* (Bücher) zusammengefasst wurden. Seit dem 2. Jahrhundert ist es innerhalb des Christentums im Anschluss an Meliton von Sardes üblich geworden, die vorjesuanischen Heiligen Schriften als Altes Testament zu bezeichnen.[22] „Alt" ist dabei nicht im Sinne von veraltet oder überholt zu verstehen. Im Gegenteil: Für das in der Antike, zumal in religiösen Kontexten, vorherrschende Zeitverständnis ist das Alte ein Synonym für das Bewährte, Verlässliche und Beständige.[23] Das frühe Christentum hat sich nicht als neue Religion *avant la lettre* betrachtet (der Religionsbegriff kommt erst ab dem 16. Jahrhundert in Mode), sondern sich selbstverständlich in die Tradition Israels gestellt. Diese Selbstverortung hatte Folgen für die Frage, wie Gott als Sprechender wahrgenommen wurde.

Der Hebräerbrief, eine Schrift, die vermutlich gegen Ende des ersten Jahrhunderts in Kleinasien entstand, formuliert programmatisch an seinem Beginn: „Viele Male und auf vielerlei Weise hat Gott einst zu den Vätern gesprochen durch die Propheten. In dieser Endzeit aber hat er zu uns gesprochen durch den Sohn, den er zum Erben des Alls eingesetzt und durch den er auch die Welt erschaffen hat" (Hebr 1,1f.). Diese wenigen Zeilen stellen ein Kondensat frühchristlicher Geschichts- und Offenbarungstheologie dar. Die großen Gestalten Israels werden auch aus christlicher Sicht „Väter" genannt, womit sie in eine Ahnengalerie des eigenen Glaubens eingeordnet werden, dessen Wurzeln weit hinter Jesus zurückreichen. Für die Judenchristen – Menschen, die bereits Juden waren, als sie den Glauben an Jesus als den Christus annahmen – war dies ohnehin selbstverständlich. Es galt aber auch für die sogenannten Heidenchristen, also Menschen, die den Glauben an Christus angenommen hatten, ohne zuvor vollumfänglich Anhänger der jüdischen Religion gewesen zu sein. Paulus, der sich einerseits dafür einsetzte, dass den Heidenchristen so wenig Verpflichtungen wie möglich aus dem jüdischen Gesetz auferlegt wurden, etwa was die Beschneidung oder das Einhalten von Speisevorschriften anging, legte andererseits Wert auf die Feststellung, dass Israel der edle Ölbaum bleibe, in den die gläubig gewordenen Heiden eingepfropft werden, damit sie „an der Kraft seiner Wurzel" Anteil erhalten: „Nicht du trägst die Wurzel", schrieb er den Heidenchristen, „sondern die Wurzel trägt dich" (Röm 11,17f.). Die Kraft jener Wurzel ist für die frühen Christen deshalb unentbehrlich, weil diese Kraft sich aus dem Glauben speist, in dem die „Väter" auf den Gott antworteten, der, so der Verfasser des Hebräerbriefes, viele Male und auf vielerlei Weise durch die Propheten geredet habe.

In der „Endzeit" aber habe Gott gesprochen „durch den Sohn, den er zum Erben des Alls eingesetzt und durch den er auch die Welt erschaffen hat" (Hebr 1,2). Die frühen Christen lebten in dem Glauben, dass der auferstandene und zum Himmel aufgefahrene Jesus jeden Moment – jedenfalls noch zu Lebzeiten der ersten Generation seiner Anhänger, wovon Paulus fest überzeugt war (1 Thess 4,15) – wiederkommen und diese Wiederkunft eine Verwandlung der Welt bewirken würde (1 Kor 15,35–58). Das Entstehen eines eigenen Kanons christlicher Schriften, der in Gestalt jener Sammlung, die heute als Neues Testament bekannt ist, an die Septuaginta angehängt wurde, oder die Entfaltung stabiler kirchlicher Ämter stellen Verlegenheitslösungen dar, die erst notwendig wurden, als die erwartete Wiederkunft Jesu und damit das Anbrechen der „Endzeit" ausblieb. Die frühen Christen waren überzeugt, dass das Schöpfungswerk Gottes in Auferstehung, Himmelfahrt und Wiederkunft Jesu qualitativ und zeitlich zu seinem Abschluss gelange, weshalb sie die Gestalt Jesu in ein kosmisches Koordinatensystem einordneten: Der Sohn Gottes sei, so heißt es zu Beginn des Hebräerbriefes, Schöpfungsmittler („durch" ihn habe Gott die Welt erschaffen) und zugleich „Erbe des Alls" (Hebr 1,2), dem von seinem Vater die Regierung über die Schöpfung übergeben werde. Noch deutlicher wird die Christus zugeordnete Rolle als Verbindungsglied zwischen Schöpfung und Vollendung der Welt im Johannesevangelium, dessen Prolog an die Schöpfungserzählung des Buches Genesis anknüpft. Aus „Im Anfang schuf Gott Himmel und Erde" (Gen 1,1) wurde: „Im Anfang war das Wort, und das Wort war bei Gott, und Gott war das Wort" (Joh 1,1). Das Sprechen Gottes wird in Christus personal verdichtet zu dem einen Wort Gottes schlechthin.

„Und das Wort ist Fleisch geworden und hat unter uns gewohnt." (Joh 1,14)

Die Vorstellung einer Postexistenz Jesu, also die Idee seines Weiterlebens nach dem Tod, gehört zu den Grundpfeilern des Auferstehungsglaubens der frühen Christenheit und drückt sich in kurzen, leicht merkbaren Bekenntnisformeln aus, wie Paulus sie zitiert: „Denn vor allem habe ich euch überliefert, was auch ich empfangen habe: Christus ist für unsere Sünden gestorben nach den Schriften, und ist begraben worden. Er ist am dritten Tag auferweckt worden, nach den Schriften, und erschien dem Kephas, dann den Zwölf" (1 Kor 15,3–5). Früh schon wurde das Dasein Jesu nicht nur in Form der Denkfigur, dass Jesus von den Toten auferweckt worden sei, nach hinten verlängert, sondern, wie im Hebräerbrief und dem Johannesevangelium gesehen, auch nach vorne erweitert.[24]

Diese Entwicklung ist älter als die Schriften des Neuen Testaments selbst. Eine der frühesten Ausdrucksformen findet sie im Philipperbrief, in dem Paulus einen „Christushymnus" oder eine Art „urchristlichen Psalm"[25] zitiert, den er nicht selbst erdichtet hat, sondern vermutlich bereits in durchkomponierter Form vorfand. Der Philipperhymnus besingt, dass Christus Jesus in der „Form Gottes" (*morphe theou*) gelebt, daran aber nicht festgehalten, sondern sich entäußert und die „Form des Knechtes" (*morphe doulou*) angenommen habe (Phil 2,6f.). Er sei den Menschen gleichgeworden und habe ein menschliches Leben bis zum Tod geführt, „bis zum Tod am Kreuz" (Phil 2,8). Gott jedoch habe ihm einen Namen gegeben, der alle anderen Namen überrage. „Im Namen Jesu" (Phil 2,10) müsse daher jedes Knie sich beugen, das der Himmlischen, der Irdischen und der unter der Erde Wohnenden, und jede Zunge müsse bekennen: „Herr ist Jesus Christus, zur Ehre Gottes des Vaters" (Phil 2,11). Die Offenbarungstätigkeit Jesu wird im Philipperhymnus als eine morphologische Veränderung Christi umschrieben. Indem Christus aus der Form (*morphe*) oder

der Seinsweise Gottes herausgetreten sei und die Form des Dieners oder gar Sklaven angenommen habe, habe er Gott den Menschen, die in diesem Seinsbereich leben, erschlossen. Damit benennt der Philipperhymnus ein entscheidendes Charakteristikum des Weltzugangs Gottes im Sinne von Sprache 2: Gottes Offenbarung ist kein Sprechen *in maiestate*, sondern Gott spricht als Mensch in Demut und Bescheidenheit in der Gestalt eines Dieners. In Jesus ist er folglich als jemand gegenwärtig, der dient (Lk 22,27), nicht als derjenige, der herrscht. Sein Sprechen hat, metaphorisch gesagt, etwas Leises, Überhörbares.

Ihren spekulativen Höhepunkt erreicht die Präexistenzchristologie im Johannesprolog, der schon mehrfach in den Blick geraten ist: „Im Anfang war das Wort, und das Wort war bei Gott, und Gott war das Wort" (Joh 1,1). Über Herkunft und Hintergründe des durch den Evangelisten verwendeten Logosmotivs wurde und wird viel spekuliert. Manche Interpreten sahen gnostische Vorbilder am Werk, andere glaubten, stoische Einflüsse ausmachen zu können, wieder andere vermuteten platonisierende Tendenzen.[26] Die gegenwärtige Bibelforschung geht hingegen mehrheitlich davon aus, dass der Autor des Johannesevangeliums Motive der jüdischen Weisheitsliteratur christologisch umformte. Möglicherweise, so eine Annahme Michael Theobalds, befand der Verfasser sich „in einer programmatischen Auseinandersetzung mit dem zeitgenössischen ‚Judenchristentum'", dem gegenüber er die göttlich-präexistente Herkunft Jesu herausstellen wollte. Er formte also einen frühchristlichen Hymnus unter Zuhilfenahme des Logosmotivs um in eine „Metareflexion zur geschichtlichen ‚Basis'"[27] von Leben, Tod und Auferweckung Jesu. Die Verwendung des Logosmotivs, die auf den dem Prolog zugrunde liegenden Hymnus zurückgehen könnte, führt „ein neues Modell in die frühe Christologie" ein, das nur „auf dem Hintergrund des frühjüdischen Weisheitsmythos" verstanden werden kann, „wie er sich in Texten wie Weish 2; 7–9; Sir 24; Spr 1; 8; äthHen 42,1f. und bei Philo findet."[28]

Die Weisheit oder der Logos Gottes erscheint dabei als im Vergleich zur Welt präexistente, mit Gott engstens vertraute Größe, die als Mittler zwischen Gott und der Schöpfung tätig ist. „Im" Logos hat Gott alles geordnet und „durch" ihn tritt er in Kontakt mit der Welt. Die logosvermittelte Weltbeziehung Gottes wird dabei auf zweierlei Weise gedacht. Der Logos ist einerseits in der Schöpfung allgegenwärtig, er sucht andererseits die besondere Nähe des Menschen, was seinen Höhepunkt in der Fleischwerdung findet: „Und das Wort ist Fleisch geworden und hat unter uns gewohnt" (Joh 1,14). Die Gemeinschaft mit dem Menschen, die Gott durch die Inkarnation seines Wortes sucht, wird nicht erzwungen, sondern dadurch erreicht, dass der Logos gleich einem Bittsteller Aufnahme sucht. „Er kam in sein Eigentum, aber die Seinen nahmen ihn nicht auf. Allen aber, die ihn aufnahmen, gab er Kraft, Kinder Gottes zu werden" (Joh 1,11f.). Wie schon im Philipperhymnus zeigt sich auch hier: Gott kommt nicht mit äußerer Macht versehen, sondern mit der Bitte um Aufnahme. Man könnte formulieren: „Es ist ein Ausdruck seiner Demut, dass er sich geschichtlich offenbart, in der Beschränkung, aber auch in der unüberbietbaren Dichte einer Begegnung. Entsprechend will er nicht die Rezitation von Glaubenssätzen, sondern die Zustimmung zu seiner Epiphanie."[29]

Aus jüdischer und in der Spätantike auch aus islamischer Sicht stellte sich jedoch die Frage, ob ein Gottesbegriff, der derart in Spekulationen über einen als Mittler tätigen Logos eingebettet wird, noch streng monotheistisch zu nennen ist. Das Christentum, das selbstverständlich an *einen* Gott glaubt und sich als monotheistisch versteht, hat konzeptionell ein schwieriges Verhältnis zum Monotheismus. Die Logoschristologie scheint von einer doppelten Tendenz geprägt: einerseits von einem radikalisierten Monotheismus, der den einen Gott gegenüber dem Weltenlauf als so radikal transzendent denkt, dass es einer Mittlergestalt bedarf, um Gott und Welt in Beziehung miteinander zu bringen, was andererseits jedoch einen erweiterten, differenzierten – man könnte auch sagen: verschwommenen – Monotheismus nach sich zieht, weil das Verhältnis Gottes zu seinem vermittelnd tätigen Logos missverstanden werden könnte. Der Johannesprolog verwendet demgegenüber eine Unterscheidung, die sich auch bei Philon von Alexandrien findet und die im Deutschen nur schwer wiederzugeben ist. Wo von dem einen Gott und Vater Jesu die Rede ist, steht das griechische Wort *theos* mit bestimmtem Artikel: *ho theos*, der Gott schlechthin. Wo vom Logos gesprochen wird, steht nur *theos* ohne Artikel. Der Logos ist also kein Gott neben Gott, obwohl Philon auch die Rede vom Logos als dem „zweiten Gott"[30] kennt, sondern der Logos ist „von Gottes Wesen, weil und insofern sich ‚der (einzige) Gott' [Joh 1,1b] in ihm ausspricht."[31]

Allerdings führt Johannes diese Unterscheidung nicht konsequent durch. Nachdem Thomas, ein Mitglied des Zwölferkreises, am Ende des Evangeliums, also in der Erzählchronologie nach der Auferstehung Jesu, die Wundmale Jesu berührt, um sich davon zu überzeugen, dass der Auferstandene derselbe ist wie der Gekreuzigte, spricht er Jesus überschwänglich an: „Mein Herr und mein Gott" (Joh 20,28), wobei *ho theos mou* den bestimmten Artikel trägt, Jesus also in einer Weise tituliert wird, die sonst nur Gott, dem Vater, gebührt. Ausgerechnet dem als ungläubig in die Tradition eingegangenen Thomas legt der Verfasser des Johannesevangeliums am Ende seines Werkes somit ein christologisches Spitzenbekenntnis in den Mund, das jede andere Titulatur Jesu in den Schatten stellt. Die frühen Christen haben die Frage, wer Jesus Christus in seinem Verhältnis zu Gott genau sein mag, eher tastend als sicheren Schrittes beantwortet. Die Ontologisierung der Göttlichkeit Jesu im Sinne des auf dem Konzil von Nizäa verkündeten *homoousios* – des Bekenntnisses, dass der Sohn mit dem Vater „wesensselbig" sei – ist erst eine Entwicklung des 4. Jahrhunderts, mit der sich auch damals noch selbst „treueste Nizäner schwertaten."[32]

Die Worthaltigkeit der Schöpfung

In Gestalt einer „personalen Identifikation", die sich in den Schriften des Neuen Testamentes auch mit Blick auf andere Begriffe findet – Paulus schreibt, Gott habe Christus „für uns zur Weisheit, zur Gerechtigkeit, Heiligung und Erlösung gemacht" (1 Kor 1,30) –, werden „Abstracta, die das Handeln und die Heilsfunktion der Person Jesu beschreiben, auf die Person des Heilsbringers selbst angewandt. Das liegt ebenso in Joh 1,1.14 vor: Derjenige, durch den Gott spricht, dem das Wort aufgetragen ist und der es vollmächtig und wirksam verkündigt, ist selbst dieses Wort; er sagt es nicht nur, er bringt und verwirklicht es, er ist damit identisch."[33] Diese Verdichtung wurde jedoch auf zweierlei Weise geweitet, sodass das Christentum von der Reduktion des Sprechens Gottes auf das personifizierte Wort Gottes auch eine Explikation des Wortes Gottes hin zu den Sprachen Gottes vollzog.

Lukas, der sowohl als Verfasser des gleichnamigen Evangeliums als auch der Apostelgeschichte gilt, hat dies mit erzählerischen Mitteln dargestellt. In seiner Darstellung des Pfingstereignisses lässt er „Zungen wie von Feuer" mit einem Sturm vom Himmel kommen. Diese Zungen erzielen zwei Wirkungen: Diejenigen, auf die die Zungen herabkamen, begannen „*in fremden Sprachen* zu reden, wie es der Geist ihnen eingab. In Jerusalem aber wohnten Juden, fromme Männer aus allen Völkern unter dem Himmel. Als sich das Getöse erhob, strömte die Menge zusammen und war ganz bestürzt; denn jeder hörte sie *in seiner Sprache* reden. Sie waren fassungslos vor Staunen und sagten: Seht! Sind das nicht alles Galiläer, die hier reden? Wieso kann sie jeder von uns *in seiner Muttersprache* hören: Parther, Meder und Elamiter, Bewohner von Mesopotamien, Judäa und Kappadokien, von Pontus und der Provinz Asien, von Phrygien und Pamphylien, von Ägypten und dem Gebiet Libyens nach Kyrene hin, auch die Römer, die sich hier aufhalten, Juden und Proselyten, Kreter und Araber – wir hören sie *in unseren Sprachen* Gottes große

Taten verkünden. Alle gerieten außer sich und waren ratlos. Die einen sagten zueinander: Was hat das zu bedeuten? Andere aber spotteten: Sie sind vom süßen Wein betrunken." (Apg 2,4–13; Hervorhebung M. S.)

Während Jesus gleichsam als Konvexlinse fungiert, die das Sprechen Gottes in sich als dem personifizierten Wort bündelt, ist der Heilige Geist die Konkavlinse Gottes, die diese Bündelung in die Breite führt, allerdings nicht, um sie rückgängig zu machen, sondern indem der Geist Menschen befähigt, „Zeugen" (Apg 1,8) für das zu sein, was sich in und durch Christus ereignet hat. Dieses Zeugnis für das Wort Gottes hat eine doppelte Gestalt. Es berührt den Menschen im Inneren, weil es jeden „in *seiner* Sprache" erfasst (verstanden im Sinne von Sprache 1 und 2), bleibt aber zugleich äußerlich, unaufdringlich – „in *fremden* Sprachen" formuliert – und damit der Distanzierung fähig. Lukas benennt zwei Reaktionen auf das Pfingstereignis.

Die erste Gruppe, die die Verkündigung in der intuitiven Vertrautheit ihrer „Muttersprache" zu vernehmen glaubt, stellt eine Frage: „Was hat das zu bedeuten?" Die andere Gruppe hält Abstand und sagt: „Sie sind vom süßen Wein betrunken." Interessant ist, dass die erste Gruppe nicht in Form eines Bekenntnisses, sondern mit einer Frage antwortet, die eine Deutung in Gang setzt. Auf dieses Motiv – Deutung als Antwort auf die Ansprache durch Gott – gilt es zurückzukommen. Auch die spöttelnde Gruppe wird von Lukas nicht getadelt. Sie spielt möglicherweise darauf an, dass Jesus sich mit dem Vorwurf auseinanderzusetzen hatte, ein „Fresser und Säufer" (Lk 7,34) zu sein, was es für jene, die dieses Gerücht kannten, nicht abwegig erscheinen ließ, dass auch seine Jünger dem Wein zugetan waren. Die Spötter und die Fragenden sind in der lukanischen Erzählkonzeption Zeugen ein und desselben Geschehens, das jedoch in verschiedenerlei Weise – anachronistisch würde man sagen: mit religiöser Offenheit oder Distanz gegenüber religiösen Fragen – gedeutet werden kann und einmal mehr für die Unaufdringlichkeit der Sprache Gottes spricht.

Die Universalisierung des Wortes Gottes, wie Lukas sie narrativ verarbeitete, vollzog sich auch auf anderem Gebiet. Die Logoschristologien des Neuen Testaments boten Anknüpfungspunkte für philosophische Spekulationen, in denen stoische und platonisierende Tendenzen verarbeitet wurden. Die Apologeten des 2. Jahrhunderts machten sich dies zu eigen und naturalisierten gleichsam die Gegenwart des göttlichen Wortes. Besonders prominent ist die Vorstellung, die Justin der Märtyrer vom *logos spermatikos*, dem Samen des Wortes, entwickelte. Der Logos habe seine Saat überall ausgestreut, weshalb er nicht nur im christlichen Glauben, sondern in der gesamten Welt präsent sei.[34] Wo die Welt aber als logoshaltig gedacht wird, ist die Auslegung des Wortes Gottes keine ausschließliche Aufgabe der Kirche. Der christliche Glaube hat lediglich eine Deutungskompetenz für den *logos ensarkos*, das in Jesus fleischgewordene Wort. Der *logos asarkos*, das schöpfungsmittlerisch tätige Wort, das nach platonisierender Vorstellung seine Spuren im Weltgebäude eingebaut hat, ist hingegen Objekt der Naturphilosophie oder der Wissenschaften.

In der späten Antike, zum Beispiel bei Augustinus, hat diese Vorstellung zu der Idee geführt, dass Gott in Gestalt zweier Bücher zu den Menschen spreche: in Form des *liber scripturae* (des Buches der Schrift, also der Bibel) und in Form des *liber naturae* (der als offenes Buch verstandenen Natur). Dem *liber naturae* liegt die Idee zugrunde, dass das göttliche Wort, durch das alles ins Dasein trat und im Dasein erhalten wird, sich in Form einer „Chiffreschrift“[35] in die Natur eingeschrieben habe. Die Natur trage diese Schrift in sich wie ein Buch, welches das, was in ihm geschrieben steht, für den Leser bereithalte. Naturforschung besteht in einem solchen Denkrahmen darin, die Schrift des göttlichen Wortes in der Natur zu dechiffrieren und so die Sprache Gottes (Sprache 3) zu erschließen.

Martin Luther hat die Vorstellung einer worthaften Verfasstheit der Schöpfung in Form des *liber naturae* sogar erweitert, obwohl er der Idee einer natürlichen Gotteserkenntnis skeptisch gegenüberstand. Gott sei in sich worthaft verfasst, er sei ein *Deus verbatus*,[36] der folglich nur worthaft tätig sein könne. Gottes Handeln in der Welt, auch den Schöpfungsakt, deutet Luther als Sprachgeschehen. Die Schöpfung als ganze ist für ihn daher Wort Gottes und die dingliche, materielle Welt eine Verkörperung der *dictiones* oder *vocabula Dei*, der Aussprüche Gottes, sodass sich in der Welt eine „göttliche Grammatik"[37] eingeschrieben finde. Dahinter steht ein Sprachverständnis, das man aus heutiger Sicht als performativ bezeichnen könnte. „Die Worte Gottes sind Dinge, keine nackten Vokalen",[38] so Luther, sie bewirken das, was sie bezeichnen, indem sie es durch den Akt des Sprechens zur Wirklichkeit werden lassen. Luther unterscheidet allerdings die Welt als geschaffenes Wort Gottes (*verbum creatum*) von dem ewigen und ungeschaffenen Wort Gottes (*verbum aeternum*), durch das alles ins Dasein tritt und im Dasein erhalten wird. Um diesen Zusammenhang zu durchschauen und die Welt als Wort Gottes zu verstehen, bedarf man laut Luther des Glaubens. Hierin liegt der Unterschied zwischen dem Wittenberger Reformator und der antiken Vorstellung, dass eine natürliche Gotteserkenntnis mit den Mitteln der menschlichen Vernunft, die auch ohne Offenbarung Einsicht in das Dasein Gottes und die Geschaffenheit der Welt gewinnen könne, möglich sei.

Katholischerseits könnte man formulieren: Wo die Verbindung zwischen dem Wort Gottes, das dem christlichen Glauben nach Mensch wurde, und dem Wort Gottes, das sich in der Natur zu erkennen gibt, nicht institutionell für kirchliche Belange in Beschlag genommen wird, sondern dem Glauben die Zuversicht gibt, nicht per se unvernünftig zu sein, ihm aber auch als Mahnung dient, dass er nicht die einzige Instanz darstellt, die mit Gotteskompetenz ausgestattet ist, könnte die Vorstellung vom *liber naturae* ein heilsames Korrektiv gegen einen die Bibel wörtlich verstehenden Schriftfundamentalismus sein. Weil Gott den Menschen nicht nur unaufdringlich im Glauben anspricht, sondern ihm auch im nach Wissen strebenden Forschen begegnet, kann Religion sich nicht nur auf Religion beziehen. Sie darf sich aus christlicher Sicht – und zwar aus einer genuin religiösen Motivation heraus, nämlich aus Treue zum Wort Gottes – den Wissenschaften nicht verschließen, da diese die Spuren desselben Wortes Gottes in der Natur erheben, das Christen im Glauben bekennen.

Inspiration, Schrift und der Versuch, das Wort Gottes festzuhalten

Die Frage, wie sich der Entdeckungszusammenhang dessen gestaltet, was überhaupt als Rede Gottes betrachtet wird, ist der Vertiefung wert. Anders formuliert: Was versetzt aus christlicher Sicht Menschen in die Lage, die Sprache Gottes zu vernehmen? Die katechismusmäßige Antwort auf diese Frage lautet: die göttliche Inspiration. Die christliche Theologie kennt jedoch kein kohärentes, erst recht kein konstantes Inspirationsverständnis, sondern nur Versuche, einige Unterscheidungen mit Blick auf das erkenntnisstiftende Geistwirken vorzunehmen.

Die Einhauchung des Heiligen Geistes

Das Wort *inspirare* bedeutet wörtlich „einhauchen". Mit seiner Hauch- oder Windmetaphorik spielt es auf den Geist Gottes an, der den Schöpfungsmythen des Buches Genesis zufolge bereits vor der Erschaffung der Welt über den Wassern schwebte, dem Menschen den Lebensatem einhauchte (Gen 1,2. 2,7) und als schöpferisch tätiger Geist auch in den Inkarnationsvorstellungen des Neuen Testamentes eine zentrale Rolle spielt. Der Geist schenkt der Welt den Sohn Gottes. Im älteren Modell des Markusevangeliums geschieht dies durch die Herabkunft des Heiligen Geistes bei der Taufe Jesu, durch die Jesus erst zum Sohn Gottes proklamiert wird (Mk 1,10f.), im jüngeren Modell des Matthäus- und des Lukasevangeliums wird das Motiv einer jungfräulichen Empfängnis aus dem Heiligen Geist (Mt 1,20. Lk 1,35) eingeführt und die Parakletkonzeption des Corpus Johanneum verbindet Jesus und den Geist derart eng miteinander, dass Jesus selbst als „Paraklet“ (1 Joh 2,1) bezeichnet wird – ein Begriff, der „Anwalt“ oder „Helfer“ meint und im Johannesevangelium vornehmlich für den Geist gebraucht wird. Das Geistwirken, das am Beginn der öffentlichen Tätigkeit oder gar der Geburt Jesu stand, kam nach Überzeugung der frühen Christenheit mit seiner Himmelfahrt nicht an sein Ende, sondern Jesus hat den Heiligen Geist gesandt, dessen Funktion es ist, Menschen zu „Zeugen“ Jesu zu machen (Apg 1,8), die das Wort Gottes so verkünden, dass jeder Mensch es „in seiner Sprache“ (Apg 2,6) zu hören vermag. Wie dieses Ergriffenwerden durch den Geist, also der Akt der Inspiration, genau zu denken ist, sagt das Neue Testament nicht. In scholastischer Tradition wurde später eine aktive, eine passive und eine terminative Ebene des Inspirationsgeschehens unterschieden. Der Begriff der aktiven Inspiration bezieht sich auf das Handeln Gottes, der Menschen dazu bewegt, der Welt in seinem Auftrag etwas mitzuteilen. Die passive Inspiration bezeichnet das Geschehen des Inspiriertwerdens, das Propheten oder biblischen Schriftstellern zugeschrieben wird. Terminative Inspiration bezeichnet den Zustand als inspiriert geltender Dinge, vor allem einer als heilig geltenden Schrift.

Zunächst zur aktiven Inspiration: Beschreibungen wie „Inspiration besteht in einem positiven, unmittelbaren, inneren und übernatürlichen Einfluß auf Verstand und Willen“[39] der inspirierten Person geben ein konventionelles christliches Inspirationsverständnis wieder. Inspiration wird als etwas Positives gefasst, da sie etwas Neues zu setzen versucht und auf Handlung oder Mitteilung dringt. Inspiration sei unmittelbar, weil der Geist Gottes sich keiner kreatürlichen Zwischeninstanzen zu bedienen brauche, um in Kontakt mit den Menschen zu treten. Damit zusammenhängend wird Inspiration als inneres Geschehen gedacht, was durchaus als kirchenamtlicher Versuch zu werten ist, das Offenbarungsverständnis abzukühlen. Der sprechende Gott bedarf keines dramatisch-mirakulösen Auftritts, um etwas kundzutun, er erscheint nicht als *Deus ex machina*, sondern spricht den Menschen in seiner Innerlichkeit an. Der Begriff des Übernatürlichen ist daher nicht im Sinne spektakulärer, vermeintlich supranaturaler Phänomene zu deuten, sondern als Komplementärbegriff zur natürlichen Erkenntnis. Das heißt: Durch Inspiration findet keine Optimierung menschlichen Denkens in dem Sinne statt, dass durch den Inspirationsakt Dinge mitgeteilt oder absichernd beglaubigt würden, auf die der Mensch auch durch eigenes Nachdenken gekommen wäre, sondern mittels Inspiration versucht Gott der Welt seine heilsame Nähe kundzutun. Mit Paulus könnte man formulieren, dass es Gott um die Mitteilung dessen gehe, „was kein Auge gesehen und kein Ohr gehört hat, was in keines Menschen Herz gedrungen ist: was Gott denen bereitet hat, die ihn lieben" (1 Kor 2,9).

Wie aber wurde die *inspiratio passiva*, also das Inspiriertwerden, konzeptualisiert? „Ab dem 2. Jahrhundert schälten sich zwei verschiedene Inspirationsverständnisse heraus, ein mantisch-ekstatisches und ein instrumentelles".[40] Der mantische Ansatz ging davon aus, dass inspirierte Personen in Ekstase geführt werden und willenlos ausführen, was der Geist sie zu tun anleitet. Das instrumentelle Inspirationsverständnis hingegen ermöglicht ein differenzierteres Bild des Zusammenwirkens zwischen dem Geist Gottes und der durch ihn inspirierten Person. Im Rahmen der antiken Mehrursachenlehren konnte man den Heiligen Geist als *auctor principalis*, als Haupturheber des Inspirationsgeschehens in Geltung lassen, dem Menschen als *auctor instrumentalis* aber auch eine eigene, ursächliche Beteiligung an dem, was als inspiriert verkündet wurde, zugestehen. Damit ließ sich erklären, dass das, was als Spruch Gottes ausgerichtet oder niedergeschrieben wurde, nicht in einer zeitlosen Idealsprache, die ohnehin niemand verstanden hätte, verkündet wurde, sondern im Rahmen des Zeitbedingten verblieb. Dies brachte für nachfolgende Generationen die Notwendigkeit der Auslegung einer Schrift unter Berücksichtigung der Bedingungen, in denen sie entstanden ist, mit sich.

Das Problem der Auslegung führt zum dritten Aspekt: der terminativen Inspiriertheit, die als Eigenschaft von Gegenständen, vor allem biblischer Schriften, betrachtet wurde. Bereits Paulus formulierte die Vorstellung, dass es über die Septuaginta, die griechische Fassung des Alten Testaments hinausgehende, göttlich inspirierte Schriften gebe, und verwendete dafür den Begriff *theopneustos*, von Gott eingehaucht (2 Tim 3,16). Im Kontext der späteren Kanonbildung innerhalb des Christentums, also der dem gottesdienstlichen Gebrauch und dem theologischen Studium dienenden Zusammenstellung einer Vielzahl von Schriften, die dann als Neues Testament bezeichnet wurden, hat man die Idee der Inspiration sogar noch weiter gefasst. Denn als inspiriert galt nicht nur eine einzelne Schrift, sondern auch das Miteinander der Schriften im biblischen Kanon. Folglich wurde nicht nur die Entstehung der Einzelschriften auf den Geist zurückgeführt, sondern auch der Vorgang der Kanonbildung, der in seinen Grundzügen erst im 4. Jahrhundert abgeschlossen war.[41] Inspiriertheit wurde zudem nicht nur für den Autor einer Schrift, die Schrift selbst und den Zusammenhang, in den sie gestellt wurde, beansprucht, sondern auch für den Lesenden und den Lesevorgang. Damit ereignet sich der Zirkel von aktiver, passiver und terminativer Inspiration stets neu, wenn jemand aus dem Glauben heraus die Bibel als Wort Gottes zu deuten versucht. Jedoch hat sich das Verständnis, worin genau die terminative Inspiriertheit einer einzelnen biblischen Schrift oder der Bibel als ganzer besteht, in welcher Hinsicht diese Texte also religiöse Verbindlichkeit beanspruchen können, im Laufe der Christentumsgeschichte mehrfach gewandelt.

Die patristische, in der christlichen Antike gepflegte, und die mittelalterliche Schriftauslegung spielten sich vorwiegend unter der Annahme ab, dass es einen mehrfachen Schriftsinn gebe. Man konnte manche Passagen also wörtlich dem Literalsinn nach, andere hingegen „geistlich", das heißt im übertragenen Sinne verstehen. Johannes Cassian, ein Mönch am Übergang vom 4. zum 5. Jahrhundert, unterschied zum Beispiel drei Arten einer geistlichen, also über den wörtlichen Sinn hinausgehenden Bibelauslegung: die Tropologie, die auf die moralische Bedeutung einer Bibelstelle als Anleitung für menschliches Handeln abzielt, die Allegorie, die versucht, bestimmten Schilderungen, etwa der Brautmetaphorik des Alten Testamentes, eine übertragene Bedeutung für den christlichen Glauben zu geben, und die Anagogie, die die Schrift als Zeichen der Hoffnung auf die Vollendung der Welt hin liest.[42] Ein solch mehrfacher Schriftsinn gab der Bibelauslegung eine Flexibilität, die es erlaubte, den Schriftbezug des christlichen Glaubens auch unter sich verändernden Auslegungsmethoden, Vorstellungswelten (im Sinne von Sprache 2) und politischen oder sozialen Umständen lebendig zu halten. Dass der Schrift auf diese Weise wenig an Eindeutigem entnommen werden konnte, Schriftauslegung also stets kontrovers blieb, galt nicht als Mangel, sondern als Stärke und Ausdruck der *altitudo*, der Tiefsinnigkeit der Schrift.[43]

Die Kirche, innerhalb derer der neutestamentliche Kanon überhaupt erst erstellt wurde, war zwar eine Gemeinschaft, die die Vielfalt der Auslegungen notfalls auch mittels heftiger Auseinandersetzungen zu reglementieren versuchte. Jedoch gab es in der Antike noch keine zentrale kirchliche Lehrgewalt, wie sie später für die Westkirche im Papsttum Gestalt annehmen sollte. Die kirchliche Leitung war ab dem 2. Jahrhundert den örtlichen Bischöfen übertragen, die oft selbst gebildete Theologen waren und ihrem Hirtendienst bei Streitigkeiten über die rechte Lehre vornehmlich durch das Aufbieten theologischer Argumente nachkamen. Ihnen fehlten – wie gerade die konflikthaften Konzilien des christlichen Altertums und die dort ausgesprochenen Verurteilungen zeigen, denen es selten gelang, eine Diskussion zu beenden – schlicht die Mittel, um ein finales Machtwort zu sprechen. Die Päpste taten dies später nur allzu gerne, mussten dabei allerdings auch die Erfahrung machen, dass selbst papale Machtworte mit Verfallsdatum versehen sind.

Neuzeitliche Krisen des Inspirationsverständnisses

Im Laufe des späten Mittelalters und der Neuzeit hat sich das Inspirationsverständnis verengt. Der religiöse Bedeutungsgehalt biblischer Schriften wurde nun nicht mehr durch den Begriff der Inspiriertheit, sondern vornehmlich durch den der Inerranz, der Irrtumslosigkeit, umschrieben. Diese Entwicklung brachte beträchtliche Verschiebungen mit sich. Während Inspiriertheit die positive Erwartung dessen umschreibt, was man als gläubig Lesender in einer Schrift zu finden hofft – nämlich Gottes Wort, vermittelt durch Gottes Geist, niedergeschrieben in menschlichen Worten –, erklärt der Begriff der Inerranz, was man in einer Schrift *nicht* zu finden erwartet: Irrtümer oder Fehler.

Die Päpste haben es nicht vermocht, die historisch-kritische Bibelauslegung, wie sie zunächst im 17. Jahrhundert von katholischen Theologen praktiziert, dann im 18. Jahrhundert in Gestalt der protestantischen Aufklärungstheologie zur Blüte gebracht und schließlich im 19. Jahrhundert der katholischen Kirche umso heftiger als Anfrage an ihr Offenbarungsverständnis entgegengehalten wurde, mit jener Weite zu verbinden, die altkirchliche und mittelalterliche Schriftzugänge prägten. Dabei bräuchte sich die katholische Kirche aufgrund ihres Glaubens, dass Offenbarung nicht mit der Bibel identisch sei, sondern auch von der Tradition bezeugt werde, vor Bibelkritik eigentlich nicht zu fürchten.[44] Stattdessen übernahm man katholischerseits im Laufe des 19. Jahrhunderts eine Diktattheorie der Inspiration, die davon ausging, dass der

Heilige Geist den biblischen Autoren die Schrift wortgetreu in die Feder diktiert habe, wobei jedes allegorische Verständnis dieser Vorstellung ausgeschlossen wurde: Diktat hieß Diktat (also Kundgebungen Gottes in Form von Sprache 1). Papst Leo XIII. formulierte 1893 in seiner Enzyklika *Providentissimus Deus*, „uneingeschränkt alle Bücher, die die Kirche als heilig und kanonisch anerkennt, wurden in all ihren Teilen auf Diktat des Heiligen Geistes verfaßt; weit gefehlt, daß der göttlichen Inspiration irgendein Irrtum unterlaufen könnte [...]. Daher hat es überhaupt keine Bedeutung, daß der Heilige Geist als Werkzeuge zum Schreiben Menschen herangezogen hat, so als ob zwar nicht dem ursprünglichen Verfasser, wohl aber den inspirierten Schreibern etwas Falsches habe entschlüpfen können. Denn er selbst hat sie mit übernatürlicher Kraft so zum Schreiben angeregt und bewegt, ist ihnen so beim Schreiben beigestanden, daß sie all das, und zwar nur das, was er selbst gebot, sowohl im Geiste recht erfaßten als auch gläubig niederschreiben wollten und mit unfehlbarer Wahrheit angemessen ausdrückten: andernfalls wäre nicht er selbst der Urheber der gesamten heiligen Schrift."[45]

Ein solch verhärmtes Inspirationsverständnis konnte die katholische Offenbarungslehre nur in eine Sackgasse führen. Es setzte voraus, dass Gott sich klar und eindeutig in der Einzelsprache der biblischen Autoren zu erkennen gebe, die Wendung *Deus dixit*, „Gott sprach", also wörtlich zu verstehen ist. Leo XIII. schloss nicht nur jede historisch kontextualisierende Interpretation der Bibel aus, die bleibend Bedeutendes von zeitbedingt Gewandetem und auf Ebene der Tatsachenbeschreibung Falschem unterschied, sondern der Papst machte es in seiner Fokussierung auf den wörtlichen Sinn der Bibel in Kombination mit der Vorstellung absoluter Irrtumslosigkeit auch unmöglich, mit den simpelsten Widersprüchen sinnvoll umzugehen. Die drei synoptischen Evangelien datieren den Tod Jesu zum Beispiel anders als Johannes. Für Markus, Matthäus und Lukas stirbt Jesus am Paschafest, für Johannes einen Tag vorher, am Rüsttag des Paschafestes.[46] Diese sachliche Differenz ist theologisch unproblematisch, wenn man sie nicht auf einen kalendarischen Widerspruch im wörtlichen Sinne reduziert, sondern fragt, welche Bedeutung den jeweiligen Datumsangaben zur Klärung der Heilsbedeutung des Todes Jesu zukommt. Wird dies kirchlicherseits durch ein Pochen auf den wörtlichen Sinn und dessen absolute Irrtumslosigkeit ausgeschlossen, geschieht das, was durch eine solch rigide Position hätte verhindert werden sollen: Die Bibel wird zu einer kuriosen Ansammlung widersprüchlicher Vorstellungen.

Inspiration und Offenbarung vor und auf dem Zweiten Vatikanischen Konzil

Angesichts der Verhärtungen, die das katholische Inspirationsverständnis des 19. und der ersten Hälfte des 20. Jahrhunderts prägten, überrascht es nicht, dass der Ruf nach einem Neuansatz innerhalb der katholischen Kirche laut wurde. Dieser ist vor allem mit dem Zweiten Vatikanischen Konzil verbunden, das von 1962 bis 1965 tagte. Die Neujustierung des Inspirations- und Offenbarungsverständnisses begann aber bereits zuvor im Pontifikat Pius' XII.

Papst Pius XII. hielt in seiner Enzyklika *Divino afflante Spiritu* an der Fixierung auf den wörtlichen Sinn der Bibel fest, da die Schrift historische Ereignisse zuverlässig und treu wiedergebe, „und zwar ergibt sich dies mit Sicherheit aus der Gnadengabe der göttlichen Inspiration", der also eine absichernde, legitimierende Funktion zugeordnet wird. Gleichzeitig gab Pius XII. zu bedenken: „Daß sich nichtsdestoweniger auch bei den heiligen Schriftstellern, wie auch bei den übrigen alten [Autoren], gewisse Darlegungs- und Erzählweisen, gewisse vor allem für die semitischen Sprachen charakteristische Eigenheiten, die Annäherungen [*approximationes*] genannt werden, und gewisse übertreibende Redeweisen, ja, bisweilen sogar Widersprüche finden, mit deren Hilfe Sachverhalte dem Geist fester eingeprägt werden sollen, verwundert sicherlich niemanden, der ein richtiges Verständnis von der biblischen Inspiration hat."[47] Lehramtliche Texte, die bewusst die Kontinuität zum Bestehenden betonen oder etwas als evident und selbstverständlich bezeichnen („es verwundert sicherlich niemanden"), neigen oft genau zum Gegenteil dessen, was sie beschwören. Sie formulieren Neuerungen und legen Dinge vor, die gemessen am Status quo ganz und gar nicht selbstverständlich sind. So auch Pius XII., der stillschweigend von der Diktattheorie seiner Vorgänger abwich und den Autoren der biblischen Schriften zuschrieb, Gott in zeitbedingter und in dieser Bedingtheit beschränkter, möglicherweise auch widersprüchlicher Art zur Sprache zu bringen. Dabei ist Pius XII. nicht frei von Klischees über die Eigenarten semitischer Sprachen, denen es angeblich an analytischer Klarheit fehle, weshalb sie die Wahrheit nur annäherungsweise, also in Gestalt von *approximationes*, erfassen könnten. Solche Stereotype wurden bereits thematisiert, als es um von Sodens Überlegungen über den hebräischen und den griechischen Wahrheitsbegriff ging. Wegweisend an den Aussagen Pius' XII. war jedoch, dass sie Inspiration nicht mehr als ein Herabziehen Gottes auf die diktathafte Wörtlichkeit von Sprache 1 verstanden.

Das Zweite Vatikanische Konzil hat diesen Gedanken weitergeführt, stellenweise aber stärker noch als Pius XII. versucht, ihn wieder mit der katholischen Offenbarungslehre des 19. Jahrhunderts zu versöhnen. Dieses Bemühen verleiht der Theologie des Konzils bisweilen einen unklaren, widersprüchlichen Zug, der vom Willen zum Kompromiss und zur Einbindung der beharrenden Kräfte geprägt ist. Einerseits finden sich in *Dei verbum*, der Dogmatischen Konstitution des Zweiten Vaticanums über die Offenbarung, Ausdrücke wie *conversari, colloqui* oder *sermonem conferre*: Gott „redet die Menschen an wie Freunde und führt ein Gespräch mit ihnen", Gott sei „im Gespräch" mit der Kirche, Gott komme seinen Kindern in der Bibel liebend entgegen und „nimmt das Gespräch mit ihnen auf".[48] Das Konzil bedient sich also einer

Sprache des „Ins-Gespräch-gezogen-Sein[s]",[49] die das dialogische, interaktive Moment, die schöpferische Antwort des Menschen auf die Ansprache Gottes in den Vordergrund stellt. Andererseits gebraucht das Konzil aber auch Formulierungen, wie: „Dem offenbarenden Gott ist der ‚Gehorsam des Glaubens' (Röm 16,26; vgl. Röm 1,5; 2 Kor 10,5–6) zu leisten. Darin überantwortet sich der Mensch Gott als ganzer in Freiheit, indem er sich ‚dem offenbarenden Gott mit Verstand und Willen voll unterwirft' und seiner Offenbarung willig zustimmt".[50] Die Redaktoren des Konzilstextes haben diese Aussage zwar mit biblischen Zitaten gespickt, im Hintergrund steht jedoch weniger die Bibel als vielmehr das Erste Vatikanische Konzil, das 1869/70 tagte und für seine Dogmatisierung des päpstlichen Primates in Fragen der Leitung und Lehre – kurz: der päpstlichen Unfehlbarkeit – bekannt wurde. Die Forderung nach *intellectus et voluntatis obsequium*, nach Unterwerfung des Verstandes und des Willens, die das Zweite Vatikanische Konzil übernimmt, ist ein Zitat aus *Dei filius*, der Konstitution des Ersten Vaticanums über den katholischen Glauben.[51]

Während auf der einen Seite Offenbarung als Gespräch und der Mensch im metaphorischen Sinne als Gesprächspartner Gottes verstanden wird, was besagt, dass ohne die Spontaneität des Menschen Offenbarung nicht zustande kommt, wird Offenbarung auf der anderen Seite als Akt aufgefasst, in dem der Mensch als passiv verstanden und zum Objekt göttlicher Unterwerfung gemacht wird. Das Zweite Vatikanische Konzil ist von einem Nebeneinander zweier Offenbarungsmodelle geprägt: einem konversationalen, dessen Leitmotiv das Gespräch, also die Interaktion ist, die Gott mit seiner Schöpfung sucht, und einem obsequialen Offenbarungsmodell, dessen Leitmotiv die Unterwerfung der Schöpfung unter den seinen Willen sprechend kundtuenden Gott darstellt.

Diesen beiden Modellen entsprechen zwei verschiedene Formen des Sprechens Gottes, deren Sinnspitze sich ebenfalls an der wechselhaften Rezeption des Ersten in den Texten des Zweiten Vatikanischen Konzils ablesen lässt. Im Anschluss an die zitierte Gehorsams- und Unterwerfungsforderung heißt es in *Dei verbum*: „Durch seine Offenbarung wollte Gott sich selbst und die ewigen Dekrete [*decreta*] seines Willens über das Heil der Menschen kundtun".[52] Diese Formulierung ist fast eine wörtliche Übernahme dessen, was das Erste Vatikanische Konzil mit seinem stark verrechtlichten Offenbarungsverständnis im Jahr 1870 zu sagen hatte: Gott offenbart, gleich einem Gesetzgeber, Dekrete. Diese Dekrete glaubte man der Bibel entnehmen zu können, auf deren eindeutigem Literalsinn man bestand. Die einzig angemessene Antwort, die der Mensch auf die Vorlage von Dekreten zu geben hat, ist folglich der Rechtsgehorsam. An anderer Stelle jedoch verändert das Zweite Vaticanum die genannte Formel, die es selbst zitiert hat, in sinnverschiebender Weise: „Gott hat in seiner Güte und Weisheit beschlossen, sich selbst zu offenbaren und das Geheimnis [*sacramentum*] seines Willens kundzutun".[53] Das Wort *decretum* wird hier durch den Begriff *sacramentum* ersetzt.

Der Sakramentsbegriff kann verschiedenerlei bedeuten. Im antiken Militärwesen hieß er so viel wie „Soldateneid",[54] ist also – etwa im Kontext der Taufe, in dem der bereits erwähnte Tertullian ihn in den christlichen Sprachgebrauch einführte – ein Zeichen der Zugehörigkeit zu Christus. Er kann aber auch als Übersetzung des griechischen Wortes *mysterion* verwendet werden. In diesem Fall bezeichnet er ein Geheimnis, etwas Verborgenes, das sich ansatzweise zu erkennen gibt, ohne seine Verborgenheit und damit Unverfügbarkeit aufzugeben. In der katholischen Tradition wurde der Sakramentsbegriff zum *terminus technicus*: Sakramente sind äußerlich unscheinbare Zeichen, die Gnade, also die Zuwendung Gottes, vermitteln, wobei die Gnadenhaltigkeit eines Zeichens nur durch eine gläubige Interpretationsleistung offenbar wird. Während die ideale Antwort des Menschen auf ein dekretales Offenbarungsverständnis in der gehorsamen Unterwerfung besteht, ist die Antwort auf ein sakramentales Offenbarungsverständnis nur als Deutungsleistung zu verstehen, weil ohne die gläubig-deutende Aneignung eines Zeichens als Zeichen des Heiles ein Sakrament nicht als solches erkannt wird.

Das Zweite Vatikanische Konzil hat damit zumindest die Möglichkeit geschaffen, das christliche Verständnis der Offenbarung zu dynamisieren: Gottes Wort ist nur als Menschenwort in Gestalt der Deutungen zu vernehmen, die Menschen im Glauben daran, auf die Ansprache Gottes zu antworten, vorgelegt haben. „[A]n der Antwort haben wir das Wort“[55] – und zwar nur an der menschlichen Antwort, weil das göttliche Wort in anderer Form nicht zugänglich ist. „Das Wort Gottes ist linguistisch inexistent. Alles linguistisch Vorfindbare ist Menschenwort. […] Von seinem theologischen Begriff her kann das Wort Gottes nicht direkt und unmittelbar *als* menschlich geformtes Wort, sondern nur *im* menschlichen Sprechen von Gott zur Sprache kommen.“[56] Das bedeutet aber, dass das, was im menschlichen Sprechen als Wort Gottes ausgesagt wird, der Kritik nicht entzogen bleibt. Diese Kritik braucht nicht unbedingt Religionskritik im fundamentalen Sinne zu sein. Theologische Kontroversen drehen sich um nichts anderes als um die Frage, was aus welchen Gründen als Wort Gottes gelten kann und was nicht, befassen sich also ebenfalls mit einer, wenn auch religionsimmanenten Kritik des Wortes Gottes.

Dass mit der Einsicht in den bleibend kontroversen und folglich nicht final fixierbaren Charakter des Wortes Gottes keine theologische Trivialisierung, sondern im Gegenteil eine inkarnatorische Radikalisierung verbunden ist, macht das Konzil ebenfalls deutlich: „Denn Gottes Worte, durch Menschenzunge formuliert, sind menschlicher Rede ähnlich geworden, wie einst des ewigen Vaters Wort durch die Annahme menschlich-schwachen Fleisches den Menschen ähnlich geworden ist.“[57] Eine Religion, die das Skandalon des menschgewordenen Gottes in das Zentrum ihres Glaubens stellt, muss auch mit dem Skandalon der Menschlichkeit von Gottes Sprache rechnen.

Ausblick

Wer den Schriftgebrauch im christlichen Gottesdienst betrachtet, zumindest wie ihn die katholische Kirche feiert, wird – vielleicht für manche überraschend – feststellen, dass das Alte Testament quantitativ deutlich stärker vertreten ist als das Neue Testament. Ein großer Teil der täglichen Liturgie besteht im Stundengebet, das Kleriker zu bestimmten Tageszeiten zu vollziehen angehalten sind. Im Mittelpunkt der Stundenliturgie stehen die Psalmen, eine Sammlung von 150 teils kurzen, teils umfangreichen Gebeten. Über weite Strecken der Christentumsgeschichte dürfte die religiöse Elite dieser Religion mit den Psalmen vertrauter gewesen sein als mit der neutestamentlichen Literatur. In Psalm 62 ist eine unscheinbare Bemerkung zu lesen: „Eines hat Gott gesprochen, zweierlei habe ich gehört" (Ps 62,12). Die gelehrte Kommentarliteratur erklärt, dass es sich bei dieser Wendung um eine „Zahlenspruchseinleitung"[58] handle, die die Betonung auf den übernächsten Verspartikel lege.

Möglicherweise kann man dem Psalmwort aber auch eine weniger technische, eher spekulative Bedeutung geben: Gott spricht aus Sicht des christlichen Glaubens nicht heute dies und morgen das. Die Einheit des Gesprochenen ist jedoch nicht mit einer Einheitlichkeit des Gehörten zu verwechseln. Den Reichtum der Geschichte christlichen Denkens zeichnet gerade die Vielfalt der Deutungen dessen aus, was Menschen in ihrem Glauben zu verschiedenen Zeiten zu hören meinten. Wo diese Vielfalt lebendig gehalten wird, bleibt Religion intellektuell vital. Wo hingegen versucht wird, das Wort Gottes letztgültig auf ein Menschenwort zu fixieren, das von religiösen Autoritäten verwaltet und bei Bedarf mit Macht durchgesetzt wird, verkommt Religion zu einer Ideologie des Uniformen. Eine solche Ideologie würde der Vorstellung eines Gottes nicht gerecht, der das Eine, was er leise spricht, nur in der Vielfalt dessen, was gehört und möglicherweise auch überhört wird, zur Sprache bringt.

Anmerkungen

1 Hilarius von Poitiers: Tractatus super Psalmos, prol. 15 (CSEL 22, 13, 17).

2 Vgl. Michael Richter: Concept and evolution of the tres linguae sacrae. In: Ernst Bremer, Jörg Jarnut, Michael Richter, David J. Wasserstein (Hg.): Language of Religion – Language of the People. Medieval Judaism, Christianity and Islam (Mittelalterstudien des Instituts zur Interdisziplinären Erforschung des Mittelalters und seines Nachwirkens Paderborn 11). München 2006, S. 15–23.

3 Vgl. Prudentius: Apotheosis, 379f. (LCL 387, 148).

4 Wilhelm von Humboldt: Einleitung zum Kawi-Werk. In: Ders.: Schriften zur Sprache, hg. von Michael Böhler. Stuttgart 1995, S. 30–207, hier S. 65.

5 Vgl. Gottlieb Söhngen: Analogie und Metapher. Kleine Philosophie und Theologie der Sprache. Freiburg im Breisgau 1962, S. 23f.

6 Benjamin Lee Whorf: Sprache – Denken – Wirklichkeit. Beiträge zur Metalinguistik und Sprachphilosophie, herausgegeben und übersetzt von Peter Krausser. Reinbek 1991, S. 12.

7 Charles Taylor: Das sprachbegabte Tier. Grundzüge des menschlichen Sprachvermögens. Übersetzt von Joachim Schulte. Berlin 2017, S. 79.

8 Eugenio Coseriu: Geschichte der Sprachphilosophie. Von den Anfängen bis Rousseau. Neu bearbeitet und erweitert von Jörn Albrecht. Mit einer Vor-Bemerkung von Jürgen Trabant. Tübingen 2003, S. 33.

9 Whorf: Sprache – Denken – Wirklichkeit, S. 10.

10 Tertullian: De praescriptione haereticorum, 7,9 (CCSL 1, 193).

11 Hans Freiherr von Soden: „Was ist Wahrheit?" Vom geschichtlichen Begriff der Wahrheit. Rede bei Antritt des Rektorats der Universität (MAkR 46). Marburg 1927, S. 10.

12 Zur Kritik an dieser Vorstellung vgl. Barbara Schmitz: Wahrheit. Eine Spurensuche von ἀλήθεια in der LXX. Am Beispiel der ʾūrīm und tummīm, der Tobit- und der Pagenerzählung. In: Florian Bruckmann, René Dausner (Hg.): Im Angesicht der Anderen. Gespräche zwischen christlicher Theologie und jüdischem Denken. Paderborn 2013, S. 225–238.

13 Johann Baptist Metz: Memoria Passionis. Ein provozierendes Gedächtnis in pluralistischer Gesellschaft. Freiburg im Breisgau 2006, S. 237.

14 Julius Guttmann: Die Philosophie des Judentums. Mit einer Standortbestimmung von Esther Seidel und einer biographischen Einführung von Fritz Bamberger. Berlin 2000, S. 60.

15 Benedikt XVI.: Glaube, Vernunft und Universität. Erinnerungen und Reflexionen. In: Apostolische Reise Seiner Heiligkeit Papst Benedikt XVI. nach München, Altötting und Regensburg, 9. bis 14. September 2006. Predigten, Ansprachen und Grußworte (VApS 174), S. 72–84, hier S. 75.

16 Ebd., 74.

17 Thomas von Aquin: Quaestiones disputatae de veritatae, q. 15, a. 1 corpus (Ed. Leonina 22, 479, 302f.).

18 Benedikt XVI. bezieht sich auf den Religionswissenschaftler Adel Theodor Khoury, der den besagten Dialog edierte, und den Islamwissenschaftler Roger Arnaldez.

19 Benedikt XVI.: Glaube, Vernunft und Universität, S. 75.

20 Ebd., S. 77.

21 Zum scholastischen Begriff der „locutio Dei attestans" vgl. Joseph Pohle: Lehrbuch der Dogmatik. Neubearbeitet von Michael Gierens SJ (Band 1) (WH). Paderborn [9]1936, S. 20.

22 Vgl. André Paul: Entstehung und Aufkommen der christlichen „Heiligen Schrift". In: Luce Pietri (Hg.): Die Zeit des Anfangs (bis 250) (Die Geschichte des Christentums: Altertum 1). Freiburg im Breisgau 2003, S. 717–807, hier S. 738.

23 Zu einer solchen Argumentation mit Blick auf das Mittelalter vgl. Johannes Spörl: Das Alte und das Neue im Mittelalter. Studien zum Problem des mittelalterlichen Fortschrittsbewusstseins. In: HJ 50 (1930), S. 297–341.

24 Vgl. Josef Ernst: Anfänge der Christologie (SBS 57). Stuttgart 1972, S. 61f.

25 Otfried Hofius: Der Christushymnus Philipper 2,6–11. Untersuchungen zu Gestalt und Aussage eines urchristlichen Psalms (WUNT 17). Tübingen [2]1991, S. 4–12.

26 Eine Darstellung der Auslegungsgeschichte des Johannesprologs im 19. und 20. Jahrhundert bietet Michael Theobald: Die Fleischwerdung des Logos. Studien zum Verhältnis des Johannesprologs zum Corpus des Evangeliums und zu 1 Joh (NTA 20). Münster 1988, S. 3–161.

27 Michael Theobald: Das Evangelium nach Johannes. Kapitel 1–12 (RNT). Regensburg 2009, S. 108.

28 Stefan Schreiber: Die Anfänge der Christologie. Deutungen Jesu im Neuen Testament. Neukirchen-Vluyn 2015, S. 191.

29 Bertram Stubenrauch: Erkenntnis und Bekenntnis. In: Ders.: Pluralismus statt Katholizität? Gott, das Christentum und die Religionen. Regensburg 2017, S. 36–73, hier S. 56.

30 Schreiber: Die Anfänge der Christologie, S. 196, Anm. 336.

31 Theobald: Das Evangelium nach Johannes, S. 110.

32 Reinhart Staats: Das Glaubensbekenntnis von Nizäa-Konstantinopel. Historische und theologische Grundlagen. Darmstadt 1996, S. 234.

33 Ferdinand Hahn: Theologie des Neuen Testaments (Band 1: Die Vielfalt des Neuen Testaments. Theologiegeschichte des Urchristentums). Tübingen [2]2005, S. 616.

34 Vgl. Michael Fiedrowicz: Apologie im frühen Christentum. Die Kontroverse um den christlichen Wahrheitsanspruch in den ersten Jahrhunderten. Paderborn 2000, S. 42.

35 Heribert M. Nobis: Art. Buch der Natur. In: LMA 2 (1999), S. 814f., hier S. 814.

36 Martin Luther: Arbeiten zu den Summarien, Psalm 51 (WA 31/1, 511, 29).

37 Albrecht Beutel: In dem Anfang war das Wort. Studien zu Luthers Sprachverständnis (HUTh 27). Tübingen 2006, S. 111: „grammatica divina".

38 Martin Luther: Vorlesungen über 1 Mose von 1535–45 (WA 42, 17, 23).

39 Pohle/Gierens: Lehrbuch der Dogmatik (Band 1), S. 36.

40 Christoph Böttigheimer: Art. Inspiration. In: Wolfgang Beinert, Bertram Stubenrauch (Hg.): Neues Lexikon der katholischen Dogmatik. Freiburg im Breisgau 2012, S. 373–376, hier S. 374.

41 Zur Rekonstruktion der neutestamentlichen Kanonbildung vgl. Konrad Schmid, Jens Schröter: Die Entstehung der Bibel. Von den ersten Texten zu den heiligen Schriften. München 2019, S. 349–356.

42 Vgl. Henning Graf Reventlow: Epochen der Bibelauslegung (Band 2: Von der Spätantike bis zum Ausgang des Mittelalters). München 1994, S. 81.

43 Vgl. Vinzenz von Lérins: Commonitorium 2,2, zitiert nach: Michael Fiedrowicz: Handbuch der Patristik. Quellentexte zur Theologie der Kirchenväter. Freiburg im Breisgau 2010, Nr. 316 (256).

44 Vgl. Marius Reiser: Die Prinzipien der biblischen Hermeneutik und ihr Wandel unter dem Einfluß der Aufklärung. In: Ders., Bibelkritik und Auslegung der Heiligen Schrift. Beiträge zur Geschichte der biblischen Exegese und Hermeneutik (WUNT 217). Tübingen 2007, S. 219–276.

45 DH 3293f.

46 Vgl. Hans-Josef Klauck: Geschrieben, erfüllt, vollendet: Die Schriftzitate in der Johannespassion. In: Ders., Studien zum Korpus der johanneischen Schriften. Evangelium, Briefe, Apokalypse, Akten (WUNT 439). Tübingen 2020, S. 101–120, hier S. 115.

47 DH 3830.

48 DV 2.8.21.

49 Die Wendung stammt von Jürgen Werbick: Christlich glauben. Eine theologische Ortsbestimmung. Freiburg im Breisgau 2019, S. 32.

50 DV 5.

51 Vgl. DH 3008.

52 DV 6. Vgl. DH 3004.

53 DV 2.

54 Paul Hensels: Die Bedeutung und Problematik des Wortes ‚sacramentum'. In: ABG 45 (2003), S. 61–82, hier S. 63.

55 Hans Urs von Balthasar: Gott redet als Mensch. In: Ders.: Verbum Caro. Skizzen zur Theologie I. Einsiedeln 1960, S. 73–99, hier S. 98.

56 Max Seckler, Jakob J. Petuchowski, Paul Ricœur, Richard Brinkmann: Literarische und religiöse Sprache. In: CGG 2 (1981), S. 71–130, hier S. 87. Hervorhebungen im Original.

57 DV 13.

58 Erich Zenger: Psalm 62. In: Psalmen 51–100. Übersetzt und ausgelegt von Frank-Lothar Hossfeld und Erich Zenger (HthKAT). Freiburg im Breisgau 2000, S. 178.

Durch einen (hier schwarz und goldenen) Rahmen wird der Text der Rede Gottes in einen sakralen Raum gestellt und von Alltagskommunikation abgegrenzt. Die kalligraphische Gestaltung hebt ihren sakralen Charakter zusätzlich hervor. Hier Q 43:32-44 aus einem wohl für privaten Gebrauch angefertigten, relativ schmucklosen osmanischen Koran des 17. oder 18. Jahrhunderts. (Bildnachweis: Institut für Arabistik und Islamwissenschaft der Universität Münster/Stiftung Dr. jur. Dr. phil. h.c. Norbert Heinrich Holl)

خير مما يجمعون ۝ ولولا أن يكون الناس أمة واحدة
لجعلنا لمن يكفر بالرحمن لبيوتهم سقفا من فضة ومعارج
عليها يظهرون ۝ ولبيوتهم أبوابا وسررا عليها
يتكئون وزخرفا وإن كل ذلك لما متاع الحيوة الدنيا
والآخرة عند ربك للمتقين ۝ ومن يعش عن ذكر الرحمن
نقيض له شيطانا فهو له قرين ۝ وإنهم ليصدونهم عن
السبيل ويحسبون أنهم مهتدون ۝ حتى إذا جاءنا
قال يا ليت بيني وبينك بعد المشرقين فبئس القرين ۝ ولن
ينفعكم اليوم إذ ظلمتم أنكم في العذاب مشتركون ۝
أفأنت تسمع الصم أو تهدي العمي ومن كان في ضلال
مبين ۝ فإما نذهبن بك فإنا منهم منتقمون ۝ أو
نرينك الذي وعدناهم فإنا عليهم مقتدرون ۝ فاستمسك
بالذي أوحي إليك إنك على صراط مستقيم ۝ وإنه لذكر لك

Die undeutlich-deutliche Sprache Gottes im Islam

Thomas Bauer

Das Paradox der Offenbarung

Der Frage nach dem Was und Wie der Sprache Gottes geht das Erstaunen darüber voraus, dass Gott überhaupt spricht, und dies in einer Weise, die Menschen zu verstehen glauben. Gott als das Transzendente, ganz Andere, von Menschen nie ganz erfassbar und verstehbar, offenbart sich den Menschen dennoch in irgendwie verständlicher Weise: Dieser Gedanke, der keineswegs auf die sogenannten Offenbarungsreligionen beschränkt ist, ist heute und war schon immer eine intellektuelle Herausforderung und ist doch offensichtlich im Menschen tief verwurzelt. Theologen und Evolutionsbiologen haben gezeigt, dass ein Sinn für das, was man viel später „Religion" nennen sollte, in irgendeiner – und sei es noch so rudimentärer – Form zum Menschsein dazugehört.[1] Nicht nur sollten Mensch und Religion sozusagen eine Koevolution durchleben, Religion hat vielmehr die menschliche Evolution, etwa durch Stärkung des Gemeinschaftssinnes (mit allen positiven, aber auch negativen Folgen), nachhaltig geprägt. Schließlich scheint auch der Übergang vom Jäger und Sammler zum Sesshaften durch Religion angestoßen worden zu sein, wie die ältesten bislang bekannten Monumentalbauten der Menschheit in Göbekli Tepe in Ostanatolien zeigen, deren Errichtung noch in die Zeit vor dem Beginn von Ackerbau und Viehzucht fällt und deren – auf welche Weise auch immer – religiöser Charakter kaum in Abrede zu stellen ist.[2]

Doch mag auch Religion eine wichtige Rolle für die Evolution des Menschen gespielt haben, so heißt das doch nicht, dass es hierfür erforderlich war, den Menschen mit einem bestimmten Sinnesorgan auszustatten (ebenso wie er ja auch kein spezielles Sinnesorgan für den Umgang mit Parasiten hat, der für das Überleben der Menschheit sicherlich noch wichtiger ist). Stattdessen wurde mehr Energie für das Gehirn aufgewendet, dafür eine im Vergleich zu anderen Säugetieren eher dürftige Ausstattung des Gesichts-, Gehör- und Geruchssinns in Kauf genommen. Eine Katze hört und riecht um ein Vielfaches besser als wir. Zum Überleben benötigt der Mensch aber weder ihr Geruchs- und Hörvermögen noch die (auch Katzen nicht gegebene) Fähigkeit, Ultraschall zu hören oder Ultraviolett zu sehen. Offensichtlich ist für religiöse Erkenntnis kein spezieller Sinn erforderlich. Sie kann auch mittels der vorhandenen Sinne erlangt und vertieft werden. Da sie sich aber von alltäglicher Information unterscheidet, wird zwangsläufig auch der Kanal, auf dem diese Information (etwa in Form von Offenbarung) übertragen wird, als auch die Art ihrer Rezeption und Verarbeitung von alltäglicher Kommunikation deutlich verschieden sein.

An der Frage, wie eine Kommunikation zwischen dem Transzendenten und den Menschen dennoch möglich ist, werden sich die folgenden Überlegungen orientieren, in denen die Sprache Gottes im Islam im Mittelpunkt steht. Am Anfang steht die Frage, wie göttliche „Information" unter diesen Voraussetzungen überhaupt zu menschlicher werden kann. Schließlich bei den Menschen angelangt, wie verständlich, präzise und eindeutig kann sie sein – und ist es notwendigerweise ein Makel, wenn sie all dies nur in beschränktem Maße ist, oder kann dies auch gut und gottgewollt sein? Eine solche kommunikationstheoretische Überlegung ist keine von außen herangetragene Fragestellung, sondern folgt den Diskussionen, wie sie im islamischen Kulturbereich mit seiner starken Sprachzentriertheit und seiner frühen Entwicklung einer ausgefeilten Linguistik selbst geführt wurden. Auch wenn, ganz im Sinne islamischer Theorie und Praxis, Sprache in Laut und Schrift im Mittelpunkt stehen wird, kann doch die Möglichkeit einer Offenbarung mittels anderer Kanäle, etwa in Träumen oder der Naturbetrachtung, nicht übergangen werden.

Die Frage nach der Sprache Gottes aus islamischer Sicht umgreift eine ganze Reihe von (hier nur ausschnittsweise angesprochenen) Disziplinen, von denen der *kalām* (zumeist als „spekulative Theologie" übersetzt) nur eine ist, und nicht in jedem Aspekt die relevanteste. Eine ebenso große Rolle spielen die Koranwissenschaften (*'ulūm al-Qur'ān*), die Überlieferung des Ḥadīṯ (Traditionen von und über den Propheten und seine Gefährten), die Rechtswissenschaften, insbesondere die Rechtsmethodologie (*uṣūl al-fiqh*), natürlich die Sprachwissenschaften, insbesondere die Rhetorik (*al-balāġa*), sowie die Sufik, die „islamische Mystik" (*taṣawwuf*). Die meisten modernen islamwissenschaftlichen Darstellungen der genannten Disziplinen sind historisch aufgebaut („Geschichte der Disziplin XY") und zudem vor allem auf die Entstehungs- und Frühgeschichte fixiert. Hier sei ein anderer Ansatz verfolgt. Die Frühgeschichte dieser Fächer, ihre formative Phase, sei im Folgenden weitgehend übergangen. Ich verzichte auf eine diachrone Darstellung und greife auf jene Diskurse und Ansichten zurück, die sich nach der formativen Periode, zunächst im 10. Jahrhundert vor allem im heutigen Irak und Syrien, dann im 11. und 12. Jahrhundert in Ostiran (Chorasan) und Zentralasien, als das herausbildeten, was man als die „klassische" islamische Kultur bezeichnen kann. Die dort etablierten Theorie- und Wissensbestände bildeten einen weitgehend stabilen Hintergrund für ein annähernd tausendjähriges Kommentieren, Kritisieren und Weiterdenken.[3] Diese lange Zeit war keine Zeit des Stillstands oder gar des Niedergangs, wie oft behauptet wurde. Es war keine Zeit festgefahrenen Denkens, sondern eine Kultur der Vielfalt und Ambiguität, die auch das Denken über Sprache formte.

Vom göttlichen Wort zum Menschenwort

Das Wort Gottes, das im Himmel ist, muss auf die Erde kommen. Wichtiger noch: Aus dem göttlichen Wort muss Menschenwort werden. Selten wird die Stimme Gottes unmittelbar hörbar. Zu behaupten, sie direkt aus dem Himmel gehört zu haben, wäre den meisten Muslimen als unentschuldbarer Anthropomorphismus – eine der schlimmsten Sünden – erschienen. So ist auch im Islam Gott einer, *qui locutus est per prophetas*, und wie im Judentum und im Christentum ist auch der Glaube an die Propheten Kernbestand der islamischen Glaubenslehre. Die sechs Glaubensartikel des Islams basieren auf Q 2:285, der fünf davon enthält, und auf einem Ḥadīṯ, der den Fünfen den Glauben an die Vorherbestimmung hinzufügt und wo der Prophet auf die Frage, worin der Glaube bestehe, antwortet, er bestehe darin, „daß du an Gott und an Seine Engel glaubst, an Seine Bücher und an Seine Gesandten und an den Jüngsten Tag, außerdem, daß du an die Vorherbestimmung glaubst, gleich, ob sie Gutes oder Böses bringt."[4] Daraus ergibt sich die Pflicht für jeden Muslim, an (1) Gott, (2) die Engel, (3) die offenbarten Bücher, (4) die Gesandten, (5) den Jüngsten Tag und (6) die Vorherbestimmung zu glauben.

Wie man sieht, haben vier der sechs fundamentalen Artikel mit der Kommunikation Gottes zu tun: Gott als Sender, die Engel und Propheten als Vermittler, die Bücher als Resultat der Vermittlung. Die Engel sind nicht nur, aber vor allem Vermittler der Rede Gottes, denn auch zu den Propheten spricht Gott nicht in eigener Stimme. Die einzige Ausnahme ist Moses, der sowohl mit Gott sprach als auch zu dem Gott in direkter Rede sprach und der deshalb *kalīm Allāh* „Gesprächspartner Gottes" genannt wird.[5] Im Falle Muḥammads war es Gabriel (Ǧibrīl), der dem Propheten das Wort Gottes übermittelte.[6] Häufig wird zwischen einem Gesandten (*rasūl*, pl. *rusul*) und einem Propheten (*nabī*, pl. *nabiyyūn*) unterschieden, wobei die Gesandten neben der Funktion eines *nabī* auch noch eine Offenbarungsschrift wie Tora, Evangelium oder

Koran überbringen, doch ist der Unterschied eher Gegenstand theoretischer Spekulation und hat wenig praktische Konsequenz. Ohnehin haben die vorangegangenen Offenbarungen, auch wenn sie prinzipiell anerkannt werden, weder im Christentum noch im Islam die gleiche Stellung, wie sie den Kerntexten (Evangelien bzw. Koran) zukommt. Im Islam hat man oft argumentiert, die Texte der Bibel enthielten auch Fälschungen, und alles, was dort richtig sei, finde man in der einen oder anderen Form auch im Koran und in der Überlieferung. Dennoch sind in die Überlieferung und in die (allerdings oft angefeindete) Literaturgattung der *Isrāʾīliyyāt* auch viele (echte und angebliche) Jesusworte und Überlieferungen aus der jüdischen Tradition eingegangen.[7]

Es sind also in all den erwähnten Religionen in erster Linie die Propheten, die die Sprache Gottes vor allem auditiv, seltener visuell, im Wachen, im Traum oder in Visionen verstehen und übermitteln können. Die Kanäle dieser prophetischen Übermittlung unterscheiden sich dabei in den drei abrahamitischen Religionen kaum, weil ja die Wege menschlicher Kommunikation begrenzt sind. Auch die Liste der namentlich bekannten und anerkannten Propheten überschneidet sich stark. Im Islam kommen einige arabische Propheten wie Hūd, Ṣāliḥ und Šuʿayb dazu, wobei betont wird, dass längst nicht alle Propheten, die je in den vielen Ländern und Völkern aufgetreten sind, bekannt sind. Zu diesen Propheten gehört auch, wenngleich durchaus in herausgehobener Stellung, Jesus.[8] Die Formulierung, Muḥammad sei *ḫātam an-nabiyyīn* „das Siegel der Propheten" (Q 33:40) lässt sich zwar auch dahingehend deuten, Muḥammad habe die Botschaft der vorangegangenen Propheten „besiegelt" im Sinne von „bestätigt", wurde aber zumeist so verstanden, er habe die Reihe der Propheten beendet, sodass es nach ihm keine weiteren Propheten mehr gebe. Dies hat bis heute heftige Konflikte mit der Aḥmadiyya und der Bahāʾī-Religion heraufbeschworen, die behaupten, es habe auch nach Muḥammad noch prophetische Offenbarungen gegeben.[9]

Die Vermenschlichung der Rede Gottes

So sind es also in erster Linie die Propheten, in zweiter Linie (und auch hier meist über den Umweg eines Propheten) die Engel, die die Sprache Gottes den Menschen vermitteln. Aber woher genau kommt dieses Sprechen, oder, anders gesagt, wo sind die Worte, die übermittelt werden, bei Gott selbst? Und wie werden sie zu Menschenwort? Vor der Frage, wie das Göttliche menschlich wird, waren ja auch schon die Christen gestanden, deren Diskussionen über die Natur Christi immer wieder Parallelen in den islamischen Diskussionen über die Natur des Korans und der göttlichen Rede finden.

Die Frage nach der Erschaffenheit bzw. Unerschaffenheit des Korans war nach der Kontroverse über die Vorherbestimmung eine der ersten großen Fragen, die zur Herausbildung der islamischen Theologie beitrugen. Es entstand die „Wissenschaft vom *kalām*" (*'ilm al-kalām*). Dem Wort *kalām*, das „Rede" bedeutet, werden wir im folgenden Abschnitt häufig begegnen. Allerdings ist dann meist, anders als wenn von den Theologen die Rede ist, *kalām Allāh* gemeint, die „Rede Gottes". In der Theologie (wie man *'ilm al-kalām* häufig, etwas vereinfachend, übersetzt) bedeutet es aber die Rede der disputierenden Theologen, der *mutakallimūn*. In diesem Zusammenhang meint *kalām* „das Sprechen und impliziert nicht einen schon endgültigen, vorgegebenen Tatbestand oder eine feststehende Beurteilung."[10] Vielmehr „lebt der *kalām*, die Literaturgattung, die die rationale Durchdringung und Entfaltung theologischer und metaphysischer Aussagen trägt, von der Ausfechtung entgegengesetzter Standpunkte."[11]

Eines dieser Themen war eben die Erschaffenheit des Korans. Während die Rationalisten der Mu'tazila auf dieser bestanden (denn warum sollte Gott vor der Erschaffung der Menschen reden, hatte er doch keinen Adressaten), traten ihnen fromme Traditionarier wie Aḥmad ibn Ḥanbal (780–855) entgegen und beharrten darauf, der Koran sei unerschaffen, und zwar bis in seine Manifestation als

Schrift und Sprache hinein. Als ungläubig galt ihm schon, „wer behauptet, unsere (den Koran wiedergebenden) Laute, unser Koranvortrag sei geschaffen, der Koran (an sich) sei jedoch Gottes Rede".[12]

Dieser Konflikt artete schließlich gar zu einem politischen Konflikt aus, als die Abbasidenkalifen für kurze Zeit die Mu'tazila zu einer Art Staatsdoktrin machen wollten, sich damit aber nicht durchsetzen konnten. Der Konflikt zwischen den Traditionalisten und den Rationalisten ist oft dargestellt worden, und es sei hier nicht weiter auf ihn eingegangen.[13] Stattdessen sei das Augenmerk auf jene theologischen Richtungen gelegt, deren Positionen sich im sunnitischen Islam allmählich, aber nachhaltig weithin durchgesetzt haben und die ein wesentlich differenzierteres Bild von der Sprache Gottes entwerfen. Ihre Pioniere waren al-Aš'arī (gest. 936 in Baghdad) und al-Māturīdī (gest. um 944 in Samarqand), nach denen die „Aš'aritische" und die „Māturīditische" Schule ihren Namen bekommen haben.

Ein zentrales Problem, das es zu lösen galt, war die Frage, wie Gott, dem Ewigen, von allem Gewordenen grundsätzlich Verschiedenen, dem ewig Unveränderlichen, zeitliche, veränderliche Handlungsweisen zugeschrieben werden können. Gerade die Rede Gottes machte das Problem augenfällig, da weder die ḥanbalitische Position, Gottes Rede sei nicht nur bei Gott, sondern sogar in ihrem alltäglichen Gebrauch durch das Geschöpf Mensch unerschaffen, noch die mu'tazilitische, wonach die Rede Gottes erst nach der Erschaffung der Menschen geschaffen wurde (was ja eine Veränderung des Zustands des unveränderlichen Gottes bedingen würde), letztendlich befriedigen konnten. Einen Ausweg bot die Lehre von den *ṣifāt* (sg. *ṣifa*), Gottes Attributen und Eigenschaften, die nicht Gott sind, aber als Teil seines Wesens ebenso ewig, unerschaffen und Eines. Dies gilt auch für Gottes Rede, seinen *kalām*, der eines dieser Attribute ist. Die Herangehensweise an diese *ṣifāt* ist vielfältig, was angesichts der Pluralität auch innerhalb der verschiedenen Richtungen des Islams gar nicht anders sein kann.

Aber jede *'aqīda*, jede Zusammenstellung der Grundsätze der Glaubenslehre, geht auf diese Frage zumindest kurz ein.[14] Hier sei sie anhand eines Textes vorgestellt, dessen Autor sich für die Frage der Rede Gottes besonders interessiert, ja im Grunde eine sehr direkte Antwort auf die Frage „Welche Sprache spricht Gott?" gibt. Es handelt sich um den 1197 in Aleppo verstorbenen Ǧamāladdīn Aḥmad al-Ġaznawī, der der ḥanafitischen Rechtsschule angehörte und in seinem Buch die Māturīditische Glaubenslehre darstellt.[15] Da der Text für unsere Fragestellung zentral ist, soll der Abschnitt über den *kalām* hier, trotz seiner Länge und Sperrigkeit, fast ungekürzt vorgestellt werden:

> § 36: Der Schöpfer der Welt ist *redend*. Wäre Er das nicht, müsste Er die gegenteilige Eigenschaft haben, und das ist Stummheit – erhaben ist Gott darüber!
>
> § 37: Er verfügt über *Rede* (*al-kalām*), da Befehl und Verbot nur durch Rede vollzogen werden können. Die Rede kommt Ihm von Urewigkeit an zu. Wäre dem nicht so, dann hätte sich Gott im Verlauf der anfangslosen Ewigkeit bezüglich der Rede verändert – erhaben ist Gott darüber! Seine Rede ist *unerschaffen* (*ġayr maḫlūq*). Wäre sie nämlich erschaffen, würden bei Gott selbst neue Dinge eintreten – erhaben ist Gott darüber! Seine Rede besteht durch Sein Wesen (*qā'im bi-ḏātihī*). Sie trennt sich nicht von ihm ab und zerteilt sich nicht, wenn sie zu den Herzen und auf die Blätter kommt, denn es ist Seine Rede, und Seine Rede ist ein Attribut von Ihm (*ṣifatuhū*), und alle Seine Attribute (*ṣifāt*) bestehen in Seinem Wesen und können sich nicht von Ihm trennen oder sich zerteilen. Die (sprachlichen) Ausdrücke (*al-'ibārāt*) weisen hin (*dālla*) auf diese Seine uranfängliche, seit aller Ewigkeit andauernde, in Seinem Wesen bestehende Rede (*kalām*). Diese Ausdrücke nennt man „Rede Gottes" (*kalām Allāh*). Diese wiederum ist neu hervorgebracht und erschaffen, und sie besteht aus Sprachzeichen (*ḥurūf*, sg. *ḥarf*) und lautbarer Sprache sowie Folgen von Sprachzeichen und lautbarer

Sprache, die an ihrem jeweiligen Ort in Seinem Wesen bestehen: Das Nichterschaffene wird durch das Erschaffene zum Ausdruck gebracht. Darauf deutet auch das Wort des Dichters:
„Die Rede ist im Herzen, doch benutzt es die Zunge als Führer (*dalīl*) zum Herzen."
§ 38: Seine Rede besteht nicht aus Sprachzeichen, weil sich die Sprachzeichen voneinander unterscheiden (müssen) und nicht alle auf einmal gleichzeitig erscheinen (können), sondern eines nach dem anderen in Folge. Deshalb müssen sie immer wieder neu hervorgebracht werden. Gottes Rede aber ist uranfänglich.
§ 39: Seine Rede besteht nicht aus lautbarer Sprache (*ṣawt*), weil man die Zusammengehörigkeit der Einzellaute nur durch ihre jeweilige Gattungszugehörigkeit erkennen kann. Bestünde seine Rede also aus lautbarer Sprache, müsste sie einer bestimmten Gattung dieser Einzellaute zugehören. Damit wäre sie aber neu hervorgebracht, also ist das unmöglich. Gottes Rede ist also weder Arabisch, noch Aramäisch (*suryānī*), noch Hebräisch, weil man mit diesen Sprachen sprachliche Ausdrücke meint, die aus (einzelnen) Sprachzeichen zusammengesetzt sind, und Gottes Rede besteht nicht aus Sprachzeichen.
§ 40: Wenn die Rede Gottes auf Arabisch gelesen wird, heißt sie „Koran" (*Qur'ān*), wenn auf Aramäisch, heißt sie „Evangelium" (*Inǧīl*), wenn auf Hebräisch, „Tora" (*tawrāt*). Das alles ist Rede Gottes – Er ist erhaben und mächtig – in dem Sinne, dass es in den jeweiligen Sprachen vorgetragen wird.
§ 41: Der Koran ist die unerschaffene Rede Gottes des Erhabenen, als in Kodizes schreibbarer, mit Zungen vortragbarer, im Gedächtnis [wörtl.: in den Herzen] bewahrbarer, in Moscheen verehrbarer Text, all diesem nicht innewohnend, so wie man auch sagt: Gott der Erhabene wird mit den Zungen erwähnt, mit den Herzen erkannt, in den Moscheen verehrt, all diesem nicht innewohnend.
Wir meinen also, wenn wir sagen, dass der Koran die Rede Gottes des Erhabenen ist, den Koran als vortragbaren Text, nicht aber den

> Vortrag selbst, der ein Werk des Menschen [wörtl.: Knechts] ist. Weil (das Wort) „Koran“ aber im allgemeinen Sprachgebrauch ist, auch wenn es im eigentlichen Sinne ein Ausdruck für den (konkreten) Koranvortrag ist, darf man das Wort auch dann verwenden, wenn damit (nicht der Vortrag, sondern) der vortragbare Text gemeint ist. Deswegen sagen unsere Lehrer: Es geht nicht an, den Koran (als vorgetragene Rezitation) als unerschaffen zu bezeichnen. Dagegen muss man den Koran, der die Rede Gottes ist, unerschaffen nennen.
> § 42: Die Rede [als Attribut] ist Eine, wie auch das Wissen, die Macht und der Wille [Gottes] Eines sind. […]
> § 43: Die Bezeichnung Seiner Rede als Koran, Tora und Evangelium bedeutet nicht, dass eine Vielzahl von Rede anzunehmen ist, so wie ja auch Gott – er ist erhaben und mächtig – auf Arabisch „Allāh“, auf Persisch „Ḫudāī“ und auf Türkisch „Tanghri“ heißt, doch ist Er ein Einziger, und ebenso Seine Rede.
> § 44: Seine Rede besteht aus Befehl und Verbot, Aussage und Anruf, Versprechen und Drohung, Erzählungen, Gleichnissen und Ermahnungen, und ist doch eine einzige Rede.

Durch einen logischen Schluss leitet al-Ġaznawī zunächst die Notwendigkeit der göttlichen Rede her: Da er nicht stumm sein kann – dann gäbe es ja auch keine Offenbarung –, ist er zwangsläufig „redend“ (*mutakallim*) [§ 36]. Von der durch das Partizip ausgedrückten Tätigkeit kommt er zum Substantiv, der „Rede“ (*kalām*), die wieder als notwendiges Werkzeug für die Offenbarung erklärt wird. Zu verstehen ist die Rede als Attribut Gottes. Deshalb muss sie wie Gott ewig sein, da Gott nicht zeitlichen Prozessen unterworfen sein kann, also zunächst nicht redend, dann, sein eigenes Wesen verändernd, redend. Als Attribut Gottes ist sie Teil seines Wesens, untrennbar von ihm und in sich unteilbar, auch wenn sie als Offenbarung zu den Menschen kommt. Die sprachlichen Ausdrücke aber, die zu den Menschen kommen, sind eine Hinleitung, ein Führer (*dalīl*) zur ewigen Gottesrede, und diese sind sehr wohl in der Zeit erschaffen. Die Wörter *ḥarf* und *ṣawt* werden zumeist als „Buchstabe" und „Laut" übersetzt, was nicht nur im Folgetext zu Schwierigkeiten führen würde, sondern auch sowohl dem philosophischen als vor allem auch dem sprachwissenschaftlichen Niveau der arabischen Gelehrsamkeit nicht gerecht wird, hatte man doch schon seit dem 8. Jahrhundert eines der komplexesten sprachwissenschaftlichen Theoriesysteme entwickelt. Für solche vieldurchdachten Fachwörter gibt es selten eindeutige Entsprechungen in anderen Sprachen. Ich hoffe, mit der Übersetzung „Sprachzeichen" für *ḥarf* und „lautbare Sprache" für *ṣawt* zumindest annäherungsweise das Richtige getroffen zu haben. Obwohl der Text in typischer, sehr spröder Wissenschaftsprosa gehalten ist, ist in arabischen Werken immer ein Platz für einen Vers. Hier gibt ein häufig zitierter Vers, der zumeist dem christlichen Dichter al-Aḫṭal (ca. 640–710) zugeschrieben wird und wahrscheinlich einem Liebesgedicht entstammt, ein schönes Bild für das Gesagte, wobei die redende Zunge den erschaffenen Ausdrücken entspricht und die Gedanken im Herzen der unerschaffenen Rede [§ 37].

Sodann wird weiter ausgeführt, warum Gottes Rede keine Zeichensequenz sein [§ 38], aber auch nicht einer Einzelsprache angehören kann [§ 39]. (Mit *suryānī* meint al-Ġaznawī sicherlich das Syrisch-Aramäische, das er vielleicht aus der Liturgie der Syrisch-Orthodoxen Kirche kannte.) Jene Ausdrücke aber, die ein „Führer" zur unerschaffenen Rede sind, bedienen sich zwangsläufig einer bestimmten Sprache. Mancher mag bei [§ 40] zusammenzucken, doch ist ja in der Tat der Glaube an die „Bücher", also die dem Koran vorangehenden Offenbarungen, ein zentraler Glaubensartikel, und wenn dem so ist, sind auch sie Gottes Rede, manifestiert in ihren jeweils eigenen Sprachen.

Was aus der Unterscheidung zwischen der zeichenlosen Rede Gottes und den verstehbaren Hinweisen für den Koran folgt, wird im folgenden Abschnitt [§ 41] erklärt. Die Eigenschaften der ungeschaffenen Rede werden durch vier passive Partizipien ausgedrückt, doch übersetzt man sie besser nicht als solche, sondern, analog etwa zu *ma'kūl*, was sowohl „gegessen" als auch „essbar" bedeutet, mit „schreibbar", „rezitierbar" etc. Das Schreiben, Rezitieren etc. erfolgt dann durch den Menschen und ist damit in der Zeit hervorgebracht. Das eine ist unerschaffen, das andere erschaffen, wie er zusammenfasst. Vorher stellt er fest, dass man das Wort „Koran" für beides verwenden darf.

Da den Attributen, ebenso wie Gott selbst, das Eins-Sein zukommt [§ 42], kann die Erscheinungsform der Rede als Koran, Tora und Evangelium nicht bedeuten, dass hier eine Vielzahl von Reden Gottes vorliegt, ebenso wie ja auch das Wort für „Gott" einzelsprachlich (er nennt eine heute veraltete Form im Persischen und Türkischen) unterschiedlich ist.[16] Schließlich wird noch konstatiert, dass auch die unterschiedlichen Gattungen göttlicher Rede diese nicht in mehrere Reden aufspalten.

In [§ 39] ist die Frage dieses Buches ja nun beantwortet. Trotzdem ist es zu früh aufzuhören. Man könnte etwa noch all die zahlreichen Positionen darstellen, die von denjenigen al-Ġaznawīs abweichen. Doch scheint mir die Frage wichtiger zu sein, welche Konsequenzen dies alles nun für die Verstehbarkeit der Rede Gottes hat. Was folgt aus der ganz unterschiedlichen Natur des *kalām* als Attribut Gottes und der göttlichen Rede in der Einzelsprache mit all ihren Grenzen des Ausdrucks und Verstehens, und muss daraus notwendigerweise ein Schaden erwachsen?

Die notwendige Ambiguität der Rede Gottes

Da Gott das ganz Andere ist, ist es nur naheliegend, dass er auch anders spricht als wir Menschen, ja es kann gar nicht anders sein. Wenngleich auch angenommen werden kann – s. u. –, dass Gott immer irgendwie „spricht", kann er dies doch nicht ununterbrochen in klar verstehbaren Worten tun. Täte er dies, würde fortwährend eine Kommandostimme ertönen, die uns Menschen jeder Freiheit berauben würde. Aber Gott tut das nicht. Er begrenzt jenes Sprechen, das sich in menschlicher Sprache fassen, wiederholen, aufzeichnen, rezitieren und lesen lässt, auf bestimmte Offenbarungsereignisse, die zwangsläufig zu einer bestimmten Zeit an einem bestimmten Ort stattfinden, aber dennoch als überzeitlich und überörtlich gültig anzusehen sind. Das wären sie aber nicht, wenn sie allzu klar und präzise, allzu stark auf nicht verallgemeinerbare Einzelfälle fokussiert wären. Gerade dies haben westliche Islamwissenschaftler gelegentlich dem Koran vorgeworfen, doch wenn man sich den Umgang ansieht, den klassische islamische Gelehrte mit dem Koran pflegten, stellt man fest, dass gerade sie die Offenheit, Vieldeutigkeit und Interpretierbarkeit dieses Textes in den Mittelpunkt stellten.

Doch es sind nicht nur die geschilderten kommunikationstheoretischen Überlegungen, die eine solche *Ambiguität* heiliger Texte unausweichlich werden lassen, es ist vielmehr die Ambiguität als Grunderfahrung lebenswerten Lebens, wie der Theologe John D. Caputo in seiner „Lobrede auf die Ambiguität" feststellt, wenn er sagt: „Alles, was wichtig, wertvoll und bedeutsam ist, ist voller Ambiguität: Liebe und Tod, Gott und Leiden, richtig und falsch, Vergangenheit und Zukunft. Und umgekehrt: Wenn etwas ambiguitätsfrei eindeutig und in seiner Einfachheit durchschaubar ist, liegt es nicht daran, daß seine Substanz verbraucht und seine Zukunft vorbei ist?"[17] Die klassischen islamischen Kulturen haben dies anerkannt und eine „Kultur der Ambiguität" gelebt, die nicht nur religiöse Texte, sondern viele Lebensbereiche umfasst.[18]

Grundverschieden davon war die Situation in Europa (und wahrscheinlich in den meisten Kulturen der Menschheit) zunächst nicht. Die europäische Scholastik legte vielmehr eine ausgesprochene Freude an Ambiguität an den Tag.[19] Die Situation verschärfte sich zwar durch die Reformation und die durch sie hervorgerufene Religionsspaltung und die folgenden religiös aufgeheizten Kriege. Vieldeutigkeit, Vagheit und Unentschiedenheit wurden nicht länger mehr als selbstverständlich oder gar wünschenswert hingenommen, ließen sich aber vorderhand nicht beseitigen. So war denn auch die Frühe Neuzeit in Europa ein „Zeitalter der Ambiguität",[20] ehe die Ambiguitätstoleranz allmählich abnahm. Die Aufklärung des 18. Jahrhunderts wollte alle Fragen rational und möglichst eindeutig lösen. Eindeutigkeit versprachen auch die großen Ideologien des 19. Jahrhunderts, von denen im islamischen Raum zuerst der Nationalismus übernommen wurde, der, nach seiner Erfolglosigkeit, von verschiedenen Spielarten islamistischer Ideologie abgelöst wurde. Der Kapitalismus schließlich gründet auf dem eindeutigen Funktionieren der Maschinen, der Bürokratie und der disziplinierten Arbeitskraft der Menschen, und er kann alles in der Welt in einen Zahlenwert, den seines Geldwertes, umsetzen und wurde deshalb zum erfolgreichsten Disambiguierungswerkzeug, das Menschen je erfunden haben. Seit dem „neunzehnten Jahrhundert dominiert der Ernst", schreibt Johan Huizinga im *Homo Ludens.* Und weiter: „Wenn je ein Jahrhundert sich selbst und das ganze Dasein ernst genommen hat, ist es das neunzehnte gewesen."[21] Die Ambiguitätsintoleranz hat seitdem nicht ab-, sondern weiter zugenommen, die „Vereindeutigung der Welt" ist zügig vorangeschritten.[22]

Welche Konsequenzen hat dies nun für die Wahrnehmung von Religion, aber auch von Politik? Es sei versucht, dies in einer Grafik zu veranschaulichen:[23]

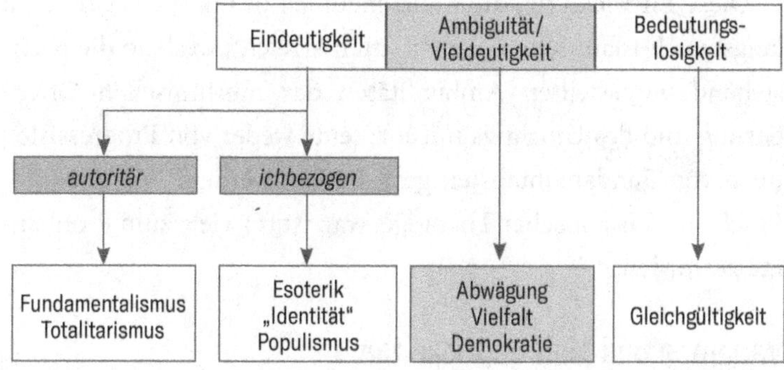

Ambiguität in Religion und Politik

Im Zentrum steht die ambiguitätshaltige Mitte, die in der Politik die Bejahung von Vielfalt und Demokratie bedeutet, in der Religion *die durch Glaubenszweifel domestizierte, die Ambiguität der Texte und die Paradoxien der Glaubenslehren freudig hinnehmende und auf soziale Zusammenhänge ausgerichtete Religiosität.* In einer ambiguitätsintoleranten Welt werden aber viele versuchen, dieser Ambiguität auszuweichen. Vermeiden kann man sie einerseits durch Gleichgültigkeit, indem man sich für solche Bereiche gar nicht interessiert. Wahrscheinlich ist dies der Hauptgrund für den Verlust an Glauben und Gläubigen sowie an der immer geringeren Wahlbeteiligung. Man kann aber auch versuchen, trotz aller prinzipiellen Unmöglichkeit eines solchen Unterfangens Eindeutigkeit herzustellen, entweder indem man sich einer fundamentalistischen Ideologie anschließt (und damit Autoritäten folgt, die eindeutig festlegen, was zu meinen und für gut zu halten ist) oder indem man in sein eigenes Ich hineinhorcht und glaubt, dort den Schlüssel zur Wahrheit zu finden. So wird dieses Ich zur Entscheidungsinstanz, aus der esoterische, ichbezogene Einstellungen entstehen, aber auch der freudige Anschluss an populistische Strömungen, wodurch sich wiederum eine Verbindung zum autoritären Pol der Eindeutigkeitssuche herstellt.

Diese Entwicklung, die wahrscheinlich in Europa begann, hat längst auch islamische Gesellschaften erreicht, weshalb die nachstehend vorgestellten Ambiguitäten der muslimischen Offenbarung und des Umgangs mit ihr heute weder von Progressisten noch von Fundamentalisten gutgeheißen werden. Was einst das Prachtstück islamischer Theologie war, ist für viele zum Problemfall geworden.

Varianten und Mehrdeutigkeiten

Spricht Gott mit Varianten?[24] Diese Frage wird vielen Heutigen geradezu absurd erscheinen, stellt aber ein Herzstück der klassischen Koranwissenschaften dar. Im Wissenszweig von den Lesarten (*'ilm al-qirā'āt*) geht es auch nicht darum, *ob* Gott mit Varianten spricht, sondern *welche* Varianten eine hohe Wahrscheinlichkeit an Echtheit aufweisen. Nicht nur dabei muss man sich vor Augen halten, dass der Koran primär ein mündlicher Text ist: dem Propheten von Gabriel eingegeben, vom Propheten der Gemeinde vorgetragen, von Überlieferern aus dieser Gemeinde mündlich von Generation zu Generation weitertradiert. Dabei wurde der Koran nicht in seiner Gesamtheit auf einmal offenbart, sondern in kürzeren oder längeren Stücken, gelegentlich, aber nicht immer, in der Länge einer Sure. Gerade die längeren Suren bestehen aus Offenbarungen verschiedener Anlässe, und schon vor längerer Zeit offenbarte Suren bekamen Einschübe aus späteren Lebensphasen Muḥammads. Diese Texte wurden vom Propheten zumeist auch nicht nur einmal, sondern mehrmals, teils immer wieder, den Zuhörern vorgetragen. Dies muss nicht immer in exakt demselben Wortlaut erfolgt sein, und so enthielt der Korantext schon während seiner Offenbarung Textvarianten, Varianten also, die aus dem Mund des Propheten kamen und damit genuiner Bestandteil der Rede Gottes waren.

Allerdings vermehrte sich die Zahl der in Umlauf befindlichen Varianten weit über das hinaus, was man noch als gottgegeben ansehen konnte. Es kam zu einer Ambiguitätskrise, der der Kalif ʿUṯmān (reg. 644–656) entgegentrat, indem er ältere Verschriftlichungen des Gesamttextes oder einzelner Textteile zusammen mit mündlichen Überlieferungen zu einem als offiziell zu betrachtenden Text fassen ließ, um eine weitere Verwahrlosung des Texts zu verhindern. Allerdings sollte auch mit dieser Rezension der Tatsache Rechnung getragen werden, dass Varianten Bestandteil der Offenbarung selbst waren. Wiewohl die arabische Schrift schon damals prinzipiell die Möglichkeit gehabt hätte, den Text nach Art der masoretischen Punktierung der Hebräischen Bibel (die später als die arabische entstand) weiter zu vereindeutigen,[25] hat man darauf bewusst verzichtet. Jedenfalls ist dies die plausible Erklärung, die Ibn al-Ǧazarī (1350–1429) gibt, einer der hervorragendsten Vertreter der Koranwissenschaften. Über die von ʿUṯmān in Auftrag gegebenen Kodizes sagt er: „Diese Kodizes waren allesamt von diakritischen Punkten und Vokalzeichen *freigemacht* worden, damit sie jede Lesung zuließen, die einwandfrei überliefert ist, deren Rezitationsweise vom Propheten stammt – man stützte sich nämlich primär auf das Gedächtnis, nicht auf die bloße Schrift."[26]

Welche Varianten nun echt waren und welche versehentlich oder böswillig in die Überlieferung hineingekommen waren, ließ sich in erster Linie dadurch feststellen, dass man die Kette der Überlieferung überprüfte. War sie lückenlos? Hatten die jeweiligen Leser ein gutes Gedächtnis, waren sie zuverlässig und von fester Moral? Am Ende schlug man vor, sieben verschiedene Lesarten des Gesamttextes des Korans als kanonisch anzusehen, eine Entscheidung, der Ibn al-Ǧazarī heftig entgegentritt, weil ihm drei weitere ebenso gut und authentisch dünken. Doch dies betrifft nur den Gesamttext, wie er für das Gebet und als Grundlage rechtlicher Entscheidungen herangezogen wird. Der Koranlesungsspezialist sollte sich dagegen bei jeder Koranstelle mit der Gesamtheit der jeweiligen Überlieferungen beschäftigen, weil es durchaus noch Lesarten gibt, die ebenfalls authentisch sind, aber nicht in einer der anerkannten sieben bzw. zehn Gesamtlesarten vorkommen.

Für die Koranleser (*qurrā'*, sg. *qāri'*) stellen diese Varianten keineswegs ein Manko, keine Textverderbnis, dar, sondern einen Gnadenerweis. Ibn al-Ǧazarī zählt eine Reihe solcher Nutzen auf, die der Variantenreichtum bietet, darunter folgende:[27] Sie dienen der *Erleichterung*, da Variantenlosigkeit unnatürlich ist und der Mensch einem Zwang zu Eindeutigkeit nicht standhalten würde. Sodann dienen sie der *Prägnanz*. Dass Gott sowohl Herr (*mālik*) als auch Fürst (*malik*) des Gerichtstags ist (zwei Lesarten von Q 1:4) muss nicht horizontal in zwei verschiedenen Versen gesagt werden, sondern kann, sozusagen vertikal, in zwei verschiedenen Lesarten ein und desselben Verses mitgeteilt werden. Während die Variantenvielfalt einerseits eine Erleichterung darstellt, ist sie andererseits aber auch *Ansporn und Bewährungsprobe*, damit die Menschen ermuntert werden, sich eifrig um das Verständnis der Bedeutungen und Weisheiten, die sich hinter den verschiedenen Lesarten verbergen, zu bemühen, und damit Gelegenheit erhalten, sich göttlichen Lohn zu erwerben. Folglich stellen die Varianten auch einen *Stimulus der Wissenschaften* dar, die sich mit all den Details der Rezitationsweise, jedem Vokal und jeder Vokalfärbung und den Kriterien der Korrektheit beschäftigen müssen.

Die textliche Varianz erscheint zunächst nicht allzu groß. Am häufigsten unterscheiden sich die Lesarten durch ihre unterschiedliche Rezitationsweise, also sozusagen in ihrer „Musik". Auch das sollte man nicht unterschätzen, hat der Koran doch auch eine ästhetische Dimension, die unter anderem in seiner Rezitationsweise liegt.[28] Immerhin gibt es rund dreißig Textvarianten, die sogar rechtlich relevant sind. Hierin aber, dass die nach strenger Prüfung ihrer jeweiligen Überlieferung übrig gebliebenen Lesarten zwar immer noch eine Pluralität an Deutungsmöglichkeiten bieten, diese aber nie zu unauflösbaren Widersprüchen führen, sieht Ibn al-Ǧazarī einen *Wahrheitsbeweis*. Nicht also, dass etwas „ganz klar und deutlich" erkannt wird (Descartes), sondern durch Vielfalt und Ambiguität wird Widerspruchsfreiheit zum Wahrheitskriterium.[29]

Ibn al-Ǧazarī geht bei seinen Darlegungen vom mündlichen Vortrag aus, in dem allein ja Varianten der Rezitationsweise deutlich werden. An dessen Seite steht die schriftliche Überlieferung, in der man den Ansatz, auf Punktation und Vokalzeichen zu verzichten, rasch aufgab, da die mit dem mündlichen Vortrag unzureichend vertrauten Laien damit überfordert gewesen wären. So musste man sich bei jeder Handschrift entscheiden, welche der sieben bzw. zehn Lesarten wiedergegeben werden sollte. Dabei gab es lokal unterschiedliche Schwerpunkte. Im Osmanischen Reich wurde etwa die Lesart des Kufiers ʿĀṣim in der Überlieferung von Ḥafṣ präferiert. Als der Koran 1924 unter der Ägide der Azhar-Universität in Kairo erstmals gedruckt wurde, legte man diese Lesart *Ḥafṣ ʿan ʿĀṣim* zugrunde. Einmal gedruckt, verdrängte sie (außer in Nordafrika) rasch alle übrigen. Heute ist vielen Muslimen die Tatsache, dass es mehrere Lesarten gibt und *Ḥafṣ ʿan ʿĀṣim* keineswegs besser oder autoritativer ist als die übrigen sechs bzw. neun, gar nicht mehr bekannt. Im Gegenteil leugnen sowohl Reformer als auch Salafisten überhaupt die Existenz verschiedener Lesarten. Andererseits kann man sich heute im Internet den Koran in seiner ganzen Lesartenfülle von Meistern der Koranlesekunst vorrezitieren lassen.

In der Philologie ist dieser Urtextglaube, der Glaube also, es gäbe zu jedem Text eine einzige, allein korrekte Fassung, etwa die Fassung „letzter Hand" eines Autors, immer mehr ins Wanken geraten. Ein Editionsprojekt wie etwa das gegenwärtig in Münster durchgeführte Projekt einer Gesamtausgabe der Werke des Dichters und Prosaautors Ibn Nubāta (1287–1366) zeigt deutlich, dass dies nicht einmal für einen einzigen Autor gilt, dessen Werk noch dazu in größeren Teilen im Autograph vorliegt, der aber keineswegs nur eine einzige Fassung seiner Gedichte (von denen es häufig vier verschiedene gibt) als gültig erachtete. Wie sollte dies dann erst bei einem Buch von solch komplexer Natur und Geschichte wie dem Koran sein? Doch nicht nur Reformmuslime und islamische Fundamentalisten pflegen diesen Urtextglauben, auch die katholische Kirche glaubte, die Vulgata, also die auf der griechischen Septuaginta fußende lateinische Übersetzung des hl. Hieronymus, durch eine „Neo-Vulgata" ersetzen zu müssen, die die Vulgata anhand des vermeintlichen hebräischen Urtexts „korrigiert".[30] Der hebräische masoretische Text, der durch wesentlich jüngere Handschriften als der von Septuaginta und sogar Vulgata dokumentiert ist, ist dabei keineswegs immer derjenige, für den sich ein Editionsphilologe im Vergleich beider Texttraditionen entscheiden würde.[31] Die frühe Kirche las und betete das Alte Testament zumeist in der griechischen Fassung der Septuaginta. Wird nun in den Evangelien und Briefen eine Stelle aus dem Alten Testament zitiert, stimmt sie gelegentlich nicht mit der Fassung, mit der sie jetzt an der Ursprungsstelle steht, überein. Eine solche Textvereinheitlichung führt also nur zu mehr Verwirrung. Auf den Gedanken, dass beide Fassungen gleichermaßen göttliche Offenbarung sein könnten, ist man in der modernen Theologie aber selten gekommen, weil die Moderne Eindeutigkeit verlangt. Dabei wäre es reizvoll, sich zu überlegen, ob nicht, analog zur klassischen islamischen Exegese, Gott sowohl unsere „Stärke" (Ps. 81:2 der hebräischen Bibel: *'uzēnu*) als auch unser „Helfer" (Ps. 80:2 der Vulgata: *exultate Deo adjutori nostri*) sein kann. Der klassische islamische Zugang zur Sprache Gottes könnte hier anregend sein, zumal Theologen dieser Überlieferungspluralität in den Evangelien, zumal den synoptischen, ohnehin nicht entkommen können.

Was für die Gestalt des Korantexts gilt, gilt in analoger Weise auch für dessen Verständnis. Der Lesartenpluralität entspricht eine Bedeutungspluralität. Gott spricht nicht nur mit Varianten, sondern auch mehrdeutig.[32] Auch diese Mehrdeutigkeit wurde als Bereicherung und nicht als Manko empfunden. Die Auslegungspluralität wird anschließend an Beispielen erläutert; zunächst sei hier nur noch einmal Ibn al-Ǧazarī zum Thema zitiert, der sie gewissermaßen als Hintergrund der islamischen Prophetologie sieht. Bekanntlich erkennt der Islam eine lange Reihe von Propheten an, glaubt aber, diese hätte mit Muḥammad ihr Ende gefunden. Warum brauchte die Menschheit immer wieder sozusagen ein „Update" der prophetischen Botschaft, nach Muḥammad aber nicht mehr? Ibn al-Ǧazarī findet die Antwort auf diese Frage in der Bedeutungsopulenz des Korans:

> Die Gelehrten dieser Gemeinde hörten seit der Frühzeit niemals auf und werden bis zum Ende der Zeit nicht aufhören, aus dem Koran (rechtliche) Hinweise, Argumente, Beweisgründe, Einsichten und dergleichen abzuleiten, die noch kein Früherer erkannt hatte, ohne ihn deshalb für die Späteren auszuschöpfen. Vielmehr ist der Koran ein gewaltiges Meer, in dem man nie auf Grund stößt und nie durch ein Ufer zum Halten gebracht wird. Deshalb benötigt diese Gemeinde auch nach ihrem Propheten – Gott segne ihn und spende ihm Heil – keinen weiteren Propheten mehr, wie das mit den früheren Völkern der Fall war, wo es zu jeder Zeit Propheten gab, um nach den Beurteilungen ihrer Schrift zu richten und die Menschen zu ihrem Heil im Diesseits und im Jenseits zu führen.[33]

Leider hat man, bedrängt durch die militärische und wirtschaftliche Übermacht des Westens seit dem 19. Jahrhundert, diese Lehre weitgehend vergessen, genau dann also, als man sie am dringendsten gebraucht hätte. Attraktiver erschien es, dem „Westen" mit einer eindeutigen, ideologisch nutzbaren Koraninterpretation zu begegnen. Salafisten glauben heute, es gäbe nicht viel auszulegen, der Koran sei von sich aus verständlich (und fechten über die vermeintlich einzig richtige Deutung konsequenterweise endlose

Querelen aus), Islamreformer legen den Koran mutig aus und auch so manches in ihn hinein, sind aber auch immer davon überzeugt, die einzig richtigen Deutungen gefunden zu haben. Die beiden folgenden Abschnitte über die „wohlbewahrte Tafel“ und die „Mutter der Schrift“ geben einen kleinen Einblick in den klassischen Umgang mit Gottes Wort.

Die „wohlbewahrte Tafel“

Der Koran, das nach gängiger sunnitischer, nicht-muʿtazilitischer Doktrin ungeschaffene Wort Gottes, ist kein allzu umfangreicher Text. Mit seinen rund 77 400 Wörtern ist er deutlich kürzer als die vier Evangelien. Allein schon dies zeigt, dass Vorstellungen, wonach der Koran das gesamte Leben der Muslime regele, absurd sind, umso mehr, wenn man bedenkt, dass ein großer Teil des Buches aus lehrreichen und ermahnenden Berichten über frühere Propheten und ihre widerspenstigen Völker besteht. Offensichtlich ist es so, dass Gott vieles unausgesprochen lässt. Mit anderen Worten: Die Sprache Gottes besteht auch darin, gar nichts zu sagen. *Zu Gottes Sprache gehört auch das Schweigen*. Es bleibt dann dem Menschen überlassen, die Leerstellen zu füllen. Im Islam ist es die Aufgabe der Gelehrten, in aufrichtigem Bemühen (*iǧtihād*) durch sorgfältige Auslegung des Korans und der Tradition (der Ḥadīṯe) die Sprache Gottes zu vervollständigen. Da ihr Tun nur Menschenwerk ist, führen ihre Schlüsse zwangsläufig nicht zu Gewissheit, sondern können nur Wahrscheinlichkeit beanspruchen. Hüten müssen sie sich angesichts der oft sehr vagen Ausgangslage vor allem davor, ihren persönlichen Vorlieben zu folgen, also für gut oder falsch zu erklären, was ihnen selbst lieb oder zuwider ist: Es ist *ittibāʿ al-hawā*, das „Dem-eigenen-Gutdünken-Folgen“, das es zu vermeiden gilt.[34]

Vor allem die Juristen in ihrem Bemühen, praktikable Richtlinien für das menschliche Zusammenleben aus Koran und Ḥadīṯ abzuleiten, waren mit diesem Problem konfrontiert, wobei gerade ein vergleichsweise kleiner Teil der Koranverse überhaupt von rechtlicher Relevanz ist und der Ḥadīṯ eine zwar unverzichtbare, aber wiederum hochambige Rechtsquelle darstellt. Doch sei hier, um die Umgangsweise der Gelehrten mit der Sprache Gottes an konkreten Beispielen zu veranschaulichen, keine rechtlich relevante Frage gewählt, sondern zwei Koranstellen, in denen der Koran (vielleicht) über sich selbst und die Art und Weise, wie die Sprache Gottes bei Gott selbst ist, spricht. Beide Koranstellen sollen in den Interpretationen zweier großer Gelehrter vorgestellt werden. Der eine ist der Bagdader Abū l-Ḥasan ʻAlī al-Māwardī (974–1058), der andere der aus Choresmien (der Gegend südlich des Aralsees) stammende Abū l-Qāsim Maḥmūd az-Zamaḫšarī (1075–1144), der ein Vertreter der muʻtazilitischen theologischen Richtung war. Für Muslime mit einem Bedürfnis nach ideologischer Reinheit stellt dies heute oft ein Problem dar, weshalb andere, langweiligere Kommentare diesen Kommentar verdrängt haben. Über viele Jahrhunderte hinweg war az-Zamaḫšarīs „Enthüller der Wahrheiten der Offenbarung" (*al-Kaššāf ʻan ḥaqāʼiq at-tanzīl*) aber der am meisten gelesene und studierte Kommentar überhaupt. Die theologischen „Irrtümer" hat man gerne in kurzen Traktaten zu berichtigen gesucht, die man dem Text angehängt hat. Zensiert hat man den Text nicht, und als unentbehrlich galt er ohnehin. Mit einem Umfang von (im heutigen Druck) jeweils sechs Bänden handelt es sich bei al-Māwardīs *an-Nukat wa-l-ʻuyūn* („Die Feinheiten und wesentlichen Dinge") und az-Zamaḫšarīs *Kaššāf* um Korankommentare mittlerer Länge.

Die erste Stelle, die zu betrachten ist, ist Q 85:22, die einzige, in der der Ausdruck „die wohlbewahrte Tafel" (*al-lawḥ al-maḥfūẓ*) vorkommt. Vorweg sei erwähnt, dass *al-lawḥ* im Arabischen maskulin ist und den Plural *alwāḥ* hat. Bis heute bezeichnet das Wort verschiedene Arten von Tafeln, Brettern, Planken, heute auch Plakate und Gemälde. Im Zusammenhang lautet Q 85:21-22:

﴿بَلْ هُوَ قُرْآنٌ مَجِيدٌ ۝ فِي لَوْحٍ مَحْفُوظٍ﴾

bal huwa qur'ānun maǧīdun/fī lawḥin maḥfūẓin

aṣ-Ṣāmit/Bubenheim/Elyas übersetzen: „Nein! Vielmehr ist es ein ruhmvoller Qur'ān/auf einer wohlverwahrten Tafel." Kaum anders lautet die Übersetzung Hans Zirkers: „Aber nein, es ist ein rühmenswerter Koran/auf behüteter Tafel."[35] Im Unterschied zu manch anderer Koranstelle scheint es hier keine lexikalischen Probleme zu geben. Dennoch ist die Stelle unseren Kommentatoren eine Erläuterung wert, zumal es zwei verschiedene Lesarten gibt, die von beiden Kommentatoren besprochen werden.[36] Die gängigere liest das letzte Wort mit Genitivendung *maḥfūẓin*, eine weniger bekannte liest das Wort im Nominativ *maḥfūẓun*. Je nachdem ist zu übersetzen: „Ein rühmenswerter Koran auf einer wohlbewahrten Tafel" oder „Ein rühmenswerter Koran auf einer Tafel, wohlbewahrt", wonach sich also das Wort *maḥfūẓ* auf den Koran und nicht auf die Tafel beziehen würde. Nachdem al-Māwardī dies festgestellt hat, fährt er fort: „Zu ‚wohlbewahrt' gibt es zwei Ansichten, zum einen: wohlbewahrt vor den Satanen (*aš-šayāṭīn*), zum zweiten: wohlbewahrt vor Veränderung und Ersetzung. Ein Kommentator sagt auch: *al-lawḥ* (was auch Verbalnomen zu *lāḥa* „erscheinen" sein kann) ist etwas, das den Engeln ‚erscheint', damit sie es vortragen." Andere Akzente setzt az-Zamaḫšarī. Auch er diskutiert die beiden Lesarten, die *maḥfūẓ* entweder auf *lawḥ* oder den Koran beziehen, erwähnt aber nur den Schutz vor den *šayāṭīn*, nicht vor Korruption, zitiert dafür aber noch eine alte Deutung für *lawḥ*, der zufolge der Äther gemeint sei, der leere Raum oberhalb der Sieben Himmel, wo sich jener *lawḥ* befände. Schließlich wird noch ein Ḥadīṯ angeführt, wonach demjenigen Lohn gewährt wird, der die Sure *al-Burūǧ*, die mit diesen Versen endet, rezitiere.

Wie man sieht, sollte man, hat man einen relativ simpel erscheinenden Koranvers gelesen und einigermaßen klare Vorstellungen über dessen Bedeutung gewonnen, es tunlichst vermeiden, einen

Korankommentar zu konsultieren, wenn man sich nicht irre machen lassen will. Die islamische Gelehrsamkeit hat nämlich keineswegs das Ziel, die Sachverhalte zu vereinfachen und zu vereindeutigen, sondern lässt sie immer differenzierter und komplizierter erscheinen, weshalb sie manchen modernen „Reformern" auch so verhasst ist. Aus der Diskussion von Q 85:22 wird jedenfalls klar: Die Tatsache, dass Gott mit Varianten spricht, ist beiden, theologisch recht weit voneinander entfernten Kommentatoren selbstverständlich. Keiner behauptet, eine der beiden Textvarianten sei besser als die andere oder es sei überhaupt nur eine Variante korrekt. Immerhin ist der Unterschied, der sich daraus ergibt, zwar für das Recht unerheblich, aber nicht theologisch – ist es doch durchaus relevant, ob nun der Koran oder die Tafel wohlbewahrt ist. Wahrscheinlich hätte man eher argumentiert, dass beides gleichermaßen der Fall sei, als dass man sich für eine Deutung starkgemacht hätte. Ebenso ist es für beide Kommentatoren ausgemachte Sache, dass Gott uneindeutig spricht, denn dass *lawḥ* neben der hier naheliegenden Bedeutung „Tafel" auch die „Erscheinung" (eines Texts zur Engelslektüre) oder den Raum über dem siebten Himmel meint, ist zwar nicht ausgeschlossen, muss aber auch damaligen Lesern eher unplausibel erschienen sein. Doch, und dies das Fazit: Wer kann den Tiefsinn der Sprache Gottes je ermessen? Auch darüber hinaus ist Gottes Rede interpretationsbedürftig, denn selbst wenn die Bedeutung der Wörter ergründet ist, weiß man nicht notwendigerweise, was damit gemeint ist. Wenn der *lawḥ* „wohlbewahrt" ist, wovor ist er das? Hier hat az-Zamaḫšarī nur eine Erklärung, al-Māwardī aber zwei. Und schließlich ist die Rede Gottes nicht nur durch das wirkungsvoll, was sie durch ihren Inhalt bewirkt (etwa Stärkung des Glaubens oder ein verändertes Verhalten der Menschen), sondern bereits durch sich selbst, wenn nämlich ihre bloße Repetition durch Menschenmund Gnadengaben verursacht (unabhängig davon, ob und wie weit man sie versteht).

Was man dem erwähnten Beispiel allerdings nicht ansieht, ist die Diversität der Gelehrtendiskurse im Islam. Viele Themen werden parallel in verschiedenen Disziplinen, etwa Koranwissenschaft, Ḥadīṯgelehrsamkeit, Recht, *kalām* und Sufik diskutiert, mit jeweils sehr unterschiedlichen Akzenten und Ergebnissen. Oft ist es sogar ein und derselbe Gelehrte, der etwa als Rechtsgelehrter mit einem Ḥadīṯ argumentiert, den er selbst als Ḥadīṯgelehrter gar nicht so überzeugend findet. So haben auch unsere beiden Korankommentatoren das Thema des *lawḥ maḥfūẓ* längst nicht erschöpft, ja vielleicht nicht einmal tief angekratzt. Denn wenn *al-lawḥ* eine (Schrift-)Tafel ist, was steht auf ihr? Steht auf ihr (nur) der Text des Korans? Sind auf ihr alle zukünftigen Schicksale aller Geschöpfe verzeichnet? Ist es als *lawḥ* der Vorbestimmung der *lawḥ* der allumfassenden Vernunftseele, wie der Philosoph ʿAlī al-Ǧurǧānī (1339–1413) erwägt?

Die „Mutter des Buchs"

Die Verbindung zweier Konzepte des *lawḥ maḥfūẓ*, als Urtext des Korans (oder aller Offenbarungsschriften, die ja als Einheit gedacht werden) einerseits und als Verzeichnis aller Schicksale des Universums andererseits, lässt sich zu einem kosmologischen Emanationsmodell ausbauen. Aus der Sicht der meisten Muslime bis heute dürfte aber der wohlbewahrte *lawḥ* doch als himmlischer Urtext des Korans verstanden werden und wäre damit gleichbedeutend mit *umm al-kitāb*, der „Mutter der Schrift". Dieser Ausdruck kommt im Koran dreimal vor: Q 3:7, 13:39, 43:4. Ehe die Stelle Q 3:7, die fundamental für das Verständnis der Sprache Gottes ist, ausführlicher betrachtet wird, sei ein Blick auf 43:2–4 geworfen, wo von einem *arabischen Koran* die Rede ist. Die Stelle lautet in der Übersetzung Zirkers: „[2] Bei der deutlichen Schrift! [3] Wir haben sie zu einem arabischen Koran gemacht. Vielleicht versteht ihr! [4] Er ist bei uns die Mutter der Schrift, erhaben und weise." Auch die Übersetzung aṣ-Ṣāmit/Bubenheim/Elyas unterscheidet sich kaum. Allerdings wird die „Mutter“ bereits als „Urschrift“ gedeutet: „[2] Bei dem deutlichen Buch! [3] Wir haben es ja zu einem arabischen Qur'ān gemacht, auf daß ihr begreifen möget; [4] und gewiß, er ist in der Urschrift des Buches bei Uns wahrlich erhaben und weise“.

Weil auch dieser Vers sprachlich unkompliziert ist, hält sich al-Māwardī nicht lange mit Worterklärungen auf und erläutert zunächst, für uns vielleicht etwas überraschend, den Ausdruck „machen zu“; was heißt, wir haben ihn zu einem arabischen Koran „gemacht“?[37] Zitiert werden drei alte Deutungen dieser Formulierung, die zeigen, dass man schon lange darüber diskutiert haben muss. Es könne, so al-Māwardī nach der ersten Autorität, heißen, „wir haben ihn herabkommen lassen (*anzalnāhu*) als arabischen Koran“, es könne auch heißen „gesprochen“ (*qulnā*) oder drittens „verdeutlicht“ (*bayyannāhu*) als arabischen Koran. Auch wenn der (trotz seiner sechs Bände) eher wortkarge Kommentator sich nicht näher dazu äußert, steht hinter dieser scheinbar banalen Frage doch die weit weniger banale, wie denn der Koran im Himmel vorliegt, ob schon als arabischer Text, der als solcher vom Himmel kommt, oder als konkretsprachlich undefinierte Rede, die arabische Gestalt wird, um diese Rede zu „verdeutlichen“.

Es mag trivial erscheinen, wenn al-Māwardī mit der Bemerkung fortfährt, mit „arabisch“ sei die arabische Sprache gemeint. Doch auch hier, meint er, gebe es zwei Erklärungen, warum dies so sei. Einerseits, so al-Muqātil, ein früher Korankommentator aus dem 8. Jahrhundert, sei dies so, weil die Sprache der Bewohner des Himmels Arabisch sei. Ein Traditionarier aus der gleichen Zeit (Sufyān aṯ-Ṯawrī) meint dagegen, der Koran sei arabisch, weil der Prophet ihn in der Sprache seiner eigenen Leute offenbart hat. Wie wir oben sahen, haben Theologen dieses Thema differenzierter behandelt. Zu *umm al-kitāb*, der „Mutter der Schrift“, führt er die Deutungen an, dies sei die Gesamtheit der Schrift, dies sei der Urgrund, Ursprung (*aṣl*) der Schrift, oder, drittens, es sei die Weisheit (*ḥikma*), mit der Gott all seine Geschöpfe belehrt. Im Falle der „Schrift" gibt es wiederum die uns schon im Falle des *lawḥ* bekannten Deutungen, es sei der Koran bzw. dessen Urschrift (also identisch mit dem *lawḥ*) oder das Verzeichnis aller zukünftigen Taten der Menschen.

Im Kommentar az-Zamaḫšarīs begegnet man zunächst – und nur Nichtarabisten wundern sich darüber – einem sehr weltlichen Vers aus einem Liebesgedicht eines sehr weltlichen Dichters des 9. Jahrhunderts.[38] Abū Tammām dichtete nämlich über eine hübsche Frau: „Bei deinen Schneidezähnen! Sie sind (frische und kühle) Hagelkörner", und dies sei ja dieselbe Konstruktion wie im Koranvers, wo auf einen Schwur ein diesen erklärender Aussagesatz folge. Über die Sprache Gottes sagt dies wenig, wohl aber über die Liebe der arabischsprachigen Welt zu ihrer Sprache und Poesie, auch wenn sie eine andere Muttersprache hatten (im Falle az-Zamaḫšarīs war dies ein osttürkischer Dialekt). Da az-Zamaḫšarī überhaupt ein Pionier der Grammatiktheorie war, kommt auch er zu der Frage, was mit „machen zu" gemeint sei. Das Verb sei entweder doppelt transitiv („machen A zu B") oder habe zwei Objekte gleicher Ordnung („erschufen ihn (1) zu einem Koran, (2) zu etwas Arabischem"). Den Ausdruck „Mutter des Buches" setzt er mit dem *lawḥ maḥfūẓ* gleich.

Wesentlich komplexer verhält es sich allerdings mit dem langen Vers Q 3:7, in dem überdies die Verständlichkeit der Rede Gottes insgesamt problematisiert wird. Hören wir wieder zwei Übersetzungen: „Er ist es, Der das Buch (als Offenbarung) auf dich herabgesandt hat. Dazu gehören eindeutige Verse – sie sind der Kern des Buches – und andere, mehrdeutige. Was aber diejenigen angeht, in deren Herzen (Neigung zum) Abschweifen ist, so folgen sie dem, was davon mehrdeutig ist, im Trachten nach Irreführung und im Trachten nach ihrer Mißdeutung. Aber niemand weiß ihre Deutung außer Allah. Und diejenigen, die im Wissen fest gegründet sind, sagen: ‚Wir glauben daran; alles ist von unserem Herrn.' Aber nur diejenigen bedenken, die Verstand besitzen" (aṣ-Ṣāmit/Bubenheim/Elyas). „Er ist es, der die Schrift auf dich herabgesandt hat. In ihr sind eindeutig gefasste Verse – sie sind die Mutter der Schrift – und andere, mehrdeutige. Die, in deren Herzen Verkehrtheit ist, folgen dem, was von ihr mehrdeutig ist, indem sie nach Unruhe trachten und nach Deutung. Seine Deutung aber weiß niemand außer Gott. Die im Wissen fest gegründet sind, sagen: ‚Wir glauben es. Alles ist von unserem Herrn. Nur die Verständigen lassen sich mahnen." (Zirker).

Diese Passage enthält wieder kein Wort, dessen Grundbedeutung unklar ist, und ist deshalb nicht schwer zu übersetzen. Dennoch stellt sie eine ziemliche Herausforderung dar, steht hier doch, in Gottes Offenbarung selbst, dass nur Gott allein seine eigene Offenbarung vollständig verstehen kann. Unsere beiden Musterkommentatoren nehmen diese Tatsache erstaunlich gelassen hin; sie hat wohl zum kulturellen Wissen ihrer Welt gehört. Dennoch betrachten sie die Stelle als kommentarbedürftig. Zunächst arbeitet sich al-Māwardī am Begriff *muḥkam* ab, der wörtlich etwa „festgezurrt; stabil und solide gearbeitet" bedeutet. Als Gegensatz zu *mutašābih* „einander ähnlich sein, verwechselbar und ambig sein" dürfte die Übersetzung von *muḥkam* als „eindeutig" kaum angreifbar sein. Aber was ist damit gemeint?

Wie üblich, zählt al-Māwardī die verschiedenen Erklärungen von *muḥkam* auf und kommt auf sieben verschiedene Deutungen älterer Autoritäten.[39] Wie häufig, fällt ihm selbst noch eine zusätzliche ein. Aber – und dies ist gerade in diesem Zusammenhang wichtig – die klassischen Korankommentatoren behaupten nie, dass nur eine einzige Deutung richtig ist, oder gar, dass sie selbst die einzig richtige Deutung gefunden haben. Vielmehr geht es darum, den Deutungsspielraum auszumessen, weil es ja Gottes Wille gewesen sein wird, in einem einzigen Wortlaut mehrere Aussagen gleichzeitig zu treffen. Zwar haben Korankommentatoren immer wieder Deutungen, die ihnen absurd erschienen, als solche zurückgewiesen, doch entscheiden sie sich, wenn es mehrere etablierte Deutungen gibt, selten für eine davon. Auch al-Māwardī geht an dieser Stelle wie auch sonst davon aus, dass alle sieben Deutungen des Wortes *muḥkam*, ebenso wie seine eigene achte, möglicherweise gleichermaßen richtig sind. Es sind folgende: (1) Da es im Koran Verse gibt, die andere abrogieren, sind die *muḥkamāt* die abrogierenden Verse, die also vorausgehende Regelungen abändern und ungültig machen. (2) In den Versen, die *muḥkam* sind, macht Gott fest (*aḥkama*), was erlaubt und verboten ist, ohne dass ein Zweifel bliebe. Auch Deutung (3) fokussiert die Eindeutigkeit: *muḥkam* ist das, was keiner Deutung (*ta'wīl*) bedürfe, weil es sich nur in einer einzigen Weise verstehen ließe. Eigenartig ist Deutung (4), wonach *muḥkam* jene Aussagen betreffe, deren Worte nur einmal vorkämen und nirgendwo sonst wiederholt werden. Es könnten mit *muḥkam*, so Deutung (5), auch jene Stellen gemeint sein, in denen von den religiösen Pflichten (*farā'iḍ*) und von „Verheißung und Drohung", also vom letzten Gericht, die Rede ist, während die *mutašābihāt* diejenigen Stellen sind, in denen von den früheren Propheten und ihren Völkern (den „Straflegenden" also) berichtet wird (und, so kann man folgern, aus denen keine unmittelbaren rechtlichen Hinweise zu gewinnen sind). Der sechsten Deutung (6) zufolge handelt es sich beim *muḥkam* um jene Dinge, die überhaupt auslegbar sind und deren Deutung die Gelehrten kennen können, während *mutašābih* das ist, was allein Gott wissen kann, etwa den Tag des Gerichts und der Wiederkunft des Messias. Schließlich lautet, quasi als Zusammenfassung, die siebte Deutung (7), *muḥkam* sei alles, was für sich allein stehen kann und keiner weiteren Deutung bedarf. Für die ersten vier Deutungen beruft sich al-Māwardī auf eine alte Autorität; die restlichen werden ohne Nennung einer solchen erwähnt, sind aber sicher auch nicht seine eigene Idee. Eine solche ist aber wohl seine achte Deutung (8), die mit „es wäre auch noch eine achte (Deutung) denkbar" eingeleitet wird. Mit dieser Formel leitet er stets Deutungen ein, die seinem eigenen Nachdenken entsprungen sind, ohne dass er sie für überzeugender hält als alle übrigen. Hier führt sein Nachdenken auch zu nichts Spektakulärem. Er meint lediglich, mit *muḥkam* könnten jene rechtlichen Vorschriften gemeint sein, die sich rationalem Denken erschließen, während *mutašābih* alles sei, wofür sich keine Vernunftgründe anführen ließen, etwa die Zahl der vorgeschriebenen Gebete, die ja genauso gut größer oder kleiner sein könnte.

Anschließend arbeitet sich al-Māwardī am Begriff der *umm al-kitāb* „Mutter der Schrift" ab, kennt zwei Deutungen, zur zweiten wieder zwei Subdeutungen, zu denen ihm eine dritte einfällt, doch läuft es im Wesentlichen auf das hinaus, was bereits zu *muḥkam* gesagt wurde. Aufregender ist dagegen eine Passage des anderen hier gehörten Kommentators, az-Zamaḫšarī, der sich zwar weit knapper zur Bedeutung des Textes äußert (und nichts dazu zu sagen hat, was nicht auch schon al-Māwardī gesagt hat), stattdessen aber gründlich darüber nachdenkt, wie es denn sein kann, dass Gottes Rede nicht eindeutig ist.[40] Die Passage ist ein Manifest klassischer islamischer Hermeneutik und sei in voller Länge angeführt. Dabei heißt „volle Länge" nicht, dass der Text lang ist. Texte islamischer Gelehrter zeichnen sich fast immer, auch wenn sie viele Bände füllen, dadurch aus, dass sie dem Stilideal des *īǧāz*, der Prägnanz und Kürze, folgen und oft geradezu wortkarg wirken. Der folgende Passus ist im Original ein einziger Satz, der dem Leser keine Zeit zum Atemholen lässt und hier ein wenig entschärft dargeboten sei:

> Wenn man nun fragt: Ist denn nicht der Koran insgesamt eindeutig?, so antworte ich: Wenn er durchgängig eindeutig wäre, würden sich die Menschen mit ihm nur beschäftigen, weil der Umgang mit ihm so einfach ist. Aber all die unentbehrlichen Nachforschungen und alles Nachdenken, um Einsicht zu gewinnen und Schlüsse zu ziehen, würden sie ganz unterlassen. Wenn sie dies täten, würden sie den

> Weg verpassen, der allein zur Erkenntnis Gottes und seines Einsseins führt. (Mehrdeutig ist der Koran auch,) weil im Mehrdeutigen die Menschen geprüft werden und eine Unterscheidung stattfindet zwischen jenen, die fest auf dem Boden der Wahrheit stehen und jenen, die hin- und herschwanken, und weil aus den Disputationen der Gelehrten und dadurch, dass sie ihre ganze Intelligenz aufwenden, um die Bedeutungen (der Verse) zu verstehen und sie auf Eindeutiges (*muḥkam*) zurückzuführen, außerordentliche Nutzanwendungen und zahlreiche Wissenszweige hervorgehen und (entsprechende) Rangstufen bei Gott erlangt werden; dann auch, weil ein Gläubiger, der glaubt, dass es in der Rede Gottes keine Widersprüche und keine Uneinheitlichkeit gibt, aber doch auf Aussagen stößt, die sich auf den äußeren Anschein hin widersprechen, und es ihm angelegen ist, diese Widersprüche zu versöhnen und zu einem einzigen Weg zusammenzuführen, er deswegen also nachdenkt, gründlich mit sich zu Rate geht und neue Perspektiven einnimmt, ihm sodann Gott Enthüllungen zuteilwerden lässt und ihm aufzeigt, wie das Eindeutige und das Mehrdeutige zusammenpassen: der wird schließlich in seinen Glaubensüberzeugungen Sicherheit gewinnen, und die Stärke seiner Gewissheit wird zunehmen.

Die Vorzüge der Mehrdeutigkeit sind dieselben, die Ibn al-Ǧazarī zum Lob der Textvarianten angeführt hat. Es ist gerade die Ambiguität, die Neugier weckt, zum Nachdenken und Forschen anregt, die ein Stimulus der Wissenschaften ist und den Menschen Gelegenheit gibt, ihren Rang zu beweisen und Lohn im Jenseits zu erlangen. Mehr noch: Sie zeigt den rechten Weg zur Gotteserkenntnis und lässt dem Gläubigen „Enthüllungen zukommen" (*fataḥa llāhu ʿalayhi*). Gewissermaßen sind die Mehrdeutigkeiten damit eine Fortsetzung der Offenbarung. Oder, anders ausgedrückt: Gott spricht nicht nur mehrdeutig, er spricht auch *durch* Mehrdeutigkeit. Damit ist die Mehrdeutigkeit sogar Teil der Sprache Gottes.

Die Unnachahmlichkeit der göttlichen Rede

Dreimal heißt es im Koran, Gott habe ihn herabgesandt als *Qur'ānan 'arabiyyan* „arabischen Koran" (neben der oben behandelten Stelle Q 43:3 noch Q 41:3, 42:7). Anders als andere heilige Bücher thematisiert der Koran also seine eigene Sprache, die Sprache seiner Offenbarung. Doch welches Arabisch ist es? Die Frage ist nicht trivial. Einem bekannten Spruch zufolge ist eine Sprache nichts anderes als ein Dialekt mit einer Armee. Sprachen liegen zunächst als Dialektkontinuum vor, von Ort zu Ort in Nuancen, über weitere Strecken bis zur gegenseitigen Unverständlichkeit sich verändernd. Meist ist es tatsächlich eine Staatswerdung, die einen bestimmten Dialekt oder eine Kombination aus diversen Dialekten zur Staatssprache macht. Letztlich sind es Verwaltungsbeamte, Grammatiker und Pädagogen und schließlich Literaten, die aus dem dialektalen Rohmaterial eine funktionsfähige Amts- und Literatursprache entstehen lassen. Im Falle des Deutschen zog sich dieser Prozess über viele Jahrhunderte hin. In vielen Ländern, etwa in Teilen des subsaharischen Afrika, greift man auf die Sprache der ehemaligen Kolonialherren zurück, weil es noch immer keine etablierte Nationalsprache gibt. Auch das Arabische, in dem der Koran offenbart werden sollte, existierte zunächst als Dialektkontinuum. Arabische Philologen schreiben dem Koran folglich auch Eigenheiten des westarabischen Dialekts der Qurayš zu, des Stammes also, dem der Prophet selbst angehörte. Tatsächlich lassen sich aber nicht allzu viele Charakteristika, die diesem Dialekt eigen gewesen sein könnten, festmachen. Wichtiger ist die Tatsache, dass es in Arabien, lange vor jeder Staatsbildung, eine Art Hochsprache gegeben hat. Sowohl unter den auch international gut vernetzten, in Politik, Handel und Kriegen der Region beteiligten großen Stämmen, deren wirtschaftliche Basis der Großviehnomadismus war, als auch in Städten wie al-Ḥīra oder den späteren heiligen Stätten, wurde eine ausgefeilte, hochartifizielle Kunstdichtung gepflegt, zunächst zum Preis des eigenen Stammes und der Vertretung seiner Angelegenheiten, später erweitert um Liebesklagen, Tierepisoden, Jagdschilderungen und andere Themen.[41] Die ältesten überlieferten Texte lassen sich etwa auf den Beginn des 6. Jahrhunderts datieren. Um überregional und stammesübergreifend verstanden zu werden, pflegten die Dichter eine Koine, eine erstaunlich einheitliche, elaborierte und an Wörtern überreiche Dichtersprache. Diese Sprache wies wohl schon damals, oder jedenfalls schon sehr früh, einige altertümliche Züge auf. In ihr sind etwa – bis auf einen Sibilanten – sämtliche ursemitischen Konsonanten bewahrt, ebenso die volle Flexion und Derivation der Verben und Nomina mit allen Endungen. Wie es scheint, ist aber schon in vorislamischer Zeit in der gesprochenen Sprache zumindest einiger Stämme und Regionen einiges davon verloren gegangen, und das Neuarabische, also die gesprochene Sprache der gesamten arabischsprachigen Welt schon seit frühislamischer Zeit, gehört einem anderen Sprachtypus an, der sich vom Altarabischen so sehr unterscheidet wie die modernen romanischen Sprachen vom Lateinischen. Immerhin wurde das ältere Arabisch durch die Aktivität des Kalifen ʿAbdalmalik (reg. 685–705) zur reichsweiten Amtssprache gemacht (wie überhaupt die Sprach- und Münzreformen dieses Kalifen zu den erstaunlichsten und erfolgreichsten Reformen der Weltgeschichte gehören).

Dazwischen liegt zeitlich die Offenbarung des Korans „in deutlicher arabischer Sprache“. Dessen Sprachform ist, von eventuellen Dialekteinflüssen der Qurayš abgesehen, weitgehend identisch mit der Dichtungskoine. Deutlich anders ist aber der Stil des Korans, der von einer älteren Generation westlicher Arabisten oft herabgewürdigt wurde, während er für islamische Gelehrte als unnachahmlich galt. Im Koran selbst heißt es, dass diese Offenbarung nicht erdichtet sei und es den Menschen nicht gelinge, etwas Ähnliches hervorzubringen. In einer berühmten Passage werden diese Menschen herausgefordert, etwas dem Koran Vergleichbares hervorzubringen. Diese *āyāt at-taḥaddī* „Verse der

Herausforderung" lauten in der Übersetzung des Dichters und Orientalisten Friedrich Rückert (1788-1866) so (Q 11:13–14):[42]

Wie oder sagen sie: Er hats gedichtet!
Sprich: Bringet doch zehn Suren, solche,
Gedichtete, und ruft dazu an
Wen ihr nur könnet, außer Gott,
Wenn ihr die Wahrheit redet!
Und wenn sie euch nicht Antwort geben,
So wisst, daß es herabgesandt ist
Mit Wissenschaft von Gott, und daß
Kein Gott ist außer Er!

Hieraus entwickelte sich die Lehre des *I'ǧāz al-Qur'ān*, zumeist mit „Unnachahmlichkeit des Korans" übersetzt, genauer aber ist es „Das-die-anderen-Leute-unfähig-Machen" (nämlich etwas Vergleichbares hervorzubringen).[43] Und tatsächlich ist der Stil des Korans deutlich von dem der Dichtung verschieden, auch wenn beide Textkorpora sich weitgehend derselben grammatikalischen Regeln bedienen (was eine Voraussetzung ihrer überregionalen Verständlichkeit war). Im Koran wird mehrmals ausdrücklich betont, dass es sich nicht um Dichtung handelt, weil die Dichter „sagen, was sie nicht tun" (Q 26:226; ein Vers übrigens, der von Dichtern gerne als Freibrief herangezogen wurde, auch die allerfrechsten Dinge zu dichten). Tatsächlich besteht keine Verwechslungsgefahr. Zwar reimt auch der Koran, zunächst als *saǧ'* „Reimprosa", angelehnt vielleicht an die Sprüche der vorislamischen Wahrsagepriester (*kuhhān*, sg. *kāhin*), in späteren Suren auf schematischere, oft nur Assonanz bildende Weise, deren Reime nicht denselben, weit strengeren Regeln der Dichtung entsprechen. Es lässt sich im Koran sogar ein regelrechtes Bemühen erkennen, unbedingt anders als die Dichtung zu sein, also eine Art negativer Intertextualität.[44]

Wenn der Koran aber deutlich anders ist als die Dichtung, wie kann er dann trotzdem ein Text sein, der Wirkung zeigt? Wäre der Koran in gewöhnlicher Alltagsprosa offenbart worden, ähnlich also wie die Bücher des Neuen Testaments, hätten ihn die Hörer schlichtweg nicht ernst genommen. Nicht nur waren sie an Dichtung gewöhnt, sondern auch die wenigen Spuren priesterlicher Rede, die, mehr oder weniger zuverlässig, aus vorislamischer Zeit überliefert sind, weisen einen hohen Grad an Stilisierung auf. Der Koran musste also ein hohes Stilniveau aufweisen, also etwa Verse haben, die mit Reim verbunden sind, sowie ein Sprachniveau, das ihn über Alltagsrede deutlich hinaushebt, ohne dass er in Form und Stil, etwa in seinen Vergleichen und Metaphern, mit Dichtung verwechselbar ist. Wenn dies alles so sein muss, ist schließlich kaum eine andere Form und ein anderer Stil denkbar als jene, die der Koran schließlich angenommen hat. Vielleicht liegt in der Tatsache, dass der Koran in Stil und Form kaum anders sein könnte, als er tatsächlich ist, wirklich eine Art Unnachahmlichkeit.

Diese Unnachahmlichkeit, dieser *iʿǧāz*, hat nun auf die Entwicklung der arabischen Sprachwissenschaften, insbesondere auf die Rhetorik, die Wissenschaft von der Beredsamkeit (*al-balāġa*), enorm befruchtend gewirkt. Zwar begann die Rhetoriktheorie als Stilistik und Theorie der Poesie, nahm aber schnell auch den Stil des Korans in ihre Überlegungen auf, gerade in Werken, die das Wort *iʿǧāz* im Titel führen, ohne gänzlich dem Koranstil gewidmet zu sein.[45]

Aber der Koran stellt für die Sprachtheorie eine spezielle Herausforderung dar. Wenn Menschen sprechen, können sie beliebig sprechen. Jede Aussage könnte so, aber auch anders lauten. Deshalb muss nicht jede Eigentümlichkeit theoretisch geklärt werden. Bei göttlicher Rede verhält es sich anders. Gott hätte es nämlich nicht so oder anders sagen können, sondern hat entschieden, dass es genau so heißen muss. Wenn etwa eine Passage mit der Konjunktion *fa-* verknüpft wird, eine ganz ähnliche oder gar identische aber mit der Konjunktion *wa-*, ist es unumgänglich, nach dem Unterschied zwischen beiden zu fragen und Gründe dafür aufzuspüren, weil in Gottes Rede ja nichts beliebig sein kann.

Eine Subdisziplin der Rhetoriktheorie ist der *'ilm al-ma'ānī*, also der „Wissenszweig von den Denkinhalten", der die Umsetzung dieser Denkinhalte in Sprache gemäß der Angemessenheit der kommunikativen Situation untersucht. Diese viel studierte Disziplin verdankt nun fast alles zunächst der Beschäftigung mit dem Koran. So finden sich im Koran ja viele Verbote und Befehle. Doch können offensichtlich Verbote und Befehle auch anders als in Form eines Imperativs ausgesprochen werden. In der modernen Pragmatik führt man gerne das Beispiel an, dass ja auch ein Aussagesatz wie „es zieht" ein Befehl sein kann, nämlich das Fenster zu schließen. Im Koran ist es ebenso, und für Juristen ist es unentbehrlich, zu wissen, wo eine Aussage aufhört, deskriptiv zu sein, und zu einem Befehl wird. Schnell hat sich der *'ilm al-ma'ānī* über diese Koranzentrierung hinaus zu einer allgemeinen Sprachtheorie entwickelt, die in der gesamten islamischen Welt studiert wurde und es bis heute verdient, studiert zu werden (zumal einer der Schlüsseltexte in deutscher Übersetzung vorliegt).[46] Die Beschäftigung mit der Rede Gottes hat im Falle der Rhetorik sehr unmittelbar die Wissenschaft stimuliert und entschieden dazu beigetragen, die arabische Rhetoriktheorie auf ein Niveau zu bringen, das die europäische, auf der griechisch-römischen Rhetorik beruhende Theorie rasch hinter sich ließ.

Die Sprache Gottes in der Natur

Gott braucht aber gar keine deutlich ausformulierten Worte, um zu sprechen, jedenfalls nicht, wenn man einen sufischen Zugang zu ihm hat. Ein solcher mystischer Zugang erscheint heute vielen als unplausibel. Auch im Christentum spielt Mystik eine immer geringere Rolle. Wahrscheinlich wird der *Cherubinische Wandersmann* des Angelus Silesius heute häufiger von Germanistikstudenten gelesen als von gläubigen Christen.[47] In unserer individualitätssüchtigen Zeit liegt das Unzeitgemäße der Mystik vor allem darin, dass mystische Versenkung mit dem Ziel der Selbstaufgabe erfolgt. Wenn „moderne" Menschen aber heute meditieren, ist ihr Ziel vor allem die Selbstfindung, während der Mystiker ganz umgekehrt sein Selbst verlieren und hinter sich lassen will, um in Gott aufzugehen.

Für Muslime war die Sufik seit früher Zeit eine schier notwendige Ergänzung zur Glaubens- und Pflichtenlehre und den rechtlichen Vorschriften. Für viele ist sie das bis heute geblieben, und sie prägt noch immer den Islam in vielen muslimischen Gesellschaften. Unter der modernen Ideologisierung und Vereindeutigung der Welt ist die Sufik von salafistischen Strömungen abgelehnt und oft handgreiflich verfolgt worden. Aber auch im nicht islamischen Bereich ist sie oft Fehleinschätzungen unterworfen. Schon die gängige Übersetzung von *taṣawwuf* mit „Sufismus" suggeriert durch die Endung auf „-ismus", dass es sich um eine spezielle Richtung oder gar ideologische Gruppierung des Islams handelt, was aber gerade nicht der Fall ist. Zwar gibt es unter den Sufis auch sehr radikale Richtungen, die von den meisten Muslimen als heterodox angesehen werden, doch ist eine Offenheit für sufische Zugänge auch bei vielen Muslimen zu finden, die sich selbst nicht unbedingt als Sufis bezeichnen würden. So gilt das Folgende oft auch noch heute für viele, nicht ausschließlich sufisch orientierte Muslime.

Ein Gespräch mit Gott führt der Fromme vor allem im Gebet, wobei weniger das rituelle Pflichtgebet, die *ṣalāt*, wichtig ist, sondern das persönliche, rituell ungeregelte Gebet, die *du'ā'*. Im Falle der Frommen ist es speziell die „vertraute Zwiesprache mit Gott" (*munāǧāt*), vor allem zu nächtlicher Stunde, in der Gottesnähe und Vertrautheit mit Ihm gefunden wird.[48] Allerdings birgt ein solch intimes Gespräch, das keinen gewöhnlichen diskursiven Regeln folgt, auch eine Gefahr. In einem der am weitesten verbreiteten

Handbücher des *taṣawwuf*, der *Risāla* des ʿAbdalkarīm al-Qušayrī (986–1072), wird ausführlich das Wesen der „Einfälle" (*ḫawāṭir*), die einem dabei zuteilwerden, diskutiert, hier in der Übersetzung Richard Gramlichs:

> Die Einfälle sind eine Ansprache, die im Innern eintrifft. Sie geschieht bald durch ein Zureden eines Engels, bald durch das Zureden des Teufels, bald ist sie Reden der Seele, bald kommt sie von Seiten Gottes. Wenn sie vom Engel kommt, ist es die Eingebung (*ilhām*), wenn sie von der Seele kommt, nennt man sie Einsprechungen (*hawāǧis*), wenn sie vom Teufel kommt, ist es die Einflüsterung (*waswās*), und wenn sie von Gott und seinem Zureden im Herzen kommt, ist es ein wahrheitshafter Einfall (*ḫāṭiru ḥaqqin*).
>
> All das gehört zur Gattung der Rede. Wenn sie vom Engel ausgeht, erkennt man ihre Wahrheit daran, daß sie mit dem religiösen Wissen übereinstimmt. Darum sagt man: Jeder Einfall, für den nicht ein Äußeres Zeugnis ablegt, ist nichtig. Wenn sie vom Teufel ausgeht, fordert sie zumeist zur Sünde auf. Wenn sie von der Seele ausgeht, fordert sie zumeist auf, einem Triebverlangen zu folgen oder sich einer Größe bewußt zu werden oder zu sonst etwas, was zu den besonderen Eigenheiten der Seele gehört.
> Die Scheiche sind sich darin einig, daß einer, der Verbotenes ißt, zwischen der Eingebung und der Einflüsterung nicht unterscheiden kann.[49]

Kaum anders als mit den „Einfällen" verhält es sich mit Traumvisionen, in denen gleichfalls eine Art der Kommunikation mit Gott geschehen kann. Doch wiederum heißt es: „Vorsicht!" Hören wir wieder al-Qušayrī:

> Das Gesicht ist eine der Arten der Wundergaben. Genau genommen besteht das Gesicht in Gedankeneinfällen, die über das Herz kom-

> men, und Zuständen, die in der Vorstellung Gestalt annehmen, wenn der Schlaf nicht das ganze Bewußtsein absorbiert. Wenn dann der Mensch erwacht ist, meint er, es sei ein wirkliches Sehen gewesen. Doch es ist nur Gestaltung und Vorstellungen, die sich in den Herzen der Menschen festgesetzt haben. […] Sodann kommen diese Reden und Einfälle, die im Herzen des Menschen im Schlafzustand eintreffen, bald von Seiten des Teufels, bald von den Einsprechungen der Seele, bald von den Einfällen des Engels, und bald sind sie eine Kundgabe von Gott, in dem er diese Zustände im Herzen des Menschen unmittelbar erschafft. Im Heiligen Bericht heißt es: „Wer von euch die wahrsten Gesichte hat, der ist im Reden am wahrsten."[50]

Sieht man den Propheten selbst im Traum, muss es sich um einen wahren Traum handeln, denn der Gesandte soll selbst gesagt haben: „Wer mich im Traum sieht, sieht mich tatsächlich. Denn der Teufel erscheint nicht in meiner Gestalt."[51]

Der Sufi kann aber im Zustand der Ekstase noch ganz andere Konversationen führen, kann die Propheten und Engel besuchen, aber auch den Thron Gottes, das Throngestell, die Schicksalstafel etc., wie es der persische Mystiker und Dichter Farīduddīn 'Aṭṭār (ca. 1119–1190) in seinem *Muṣībatnāme* darstellt, hier in der Übersetzung (und Orthographie) Hellmut Ritters aus dem Persischen:

> Höre zu … damit ich dir die grundlage dieses buches lege! … Wenn der wanderer mit dem engel spricht, wenn er von erde und himmel antwort heischt, wenn er den thron und das fussgestell besucht, oder an beide fragen stellt, sich von den profeten belehren, von jedem atom sich erlebnisse erzählen lässt, so geschieht das alles mit der „sprache des zustandes" (*zabān-i ḥāl)*, es ist nicht „gesprochene rede" (*zabān-i qāl*). In der gesprochenen rede wäre das lüge, aber in der sprache des zustandes ist es wahr.[52]

Doch es geht auch weniger ekstatisch. Die Dinge, und zwar auch die ganz irdischen, alltäglichen, sprechen ebenfalls durch ihren Zustand (*ḥāl*), dadurch also, wie sie sind. Dies ist *lisān al-ḥāl*, die „Sprache des Zustands", die „Sprache des So-Seins", da die ganze Schöpfung ja zwangsläufig von ihrem Schöpfer erzählt, im Gegensatz zur *lisān al-qāl*, der ausformulierten Sprache. Eine der populärsten Dichtungen, die den Menschen die Sprache der Pflanzen und Tiere verstehen lässt, ist *Kašf al-asrār fī ḥikam aṭ-ṭuyūr wa-l-azhār* des Sufis, Dichters und Predigers ʿIzzaddīn Ibn Ġānim al-Maqdisī (gest. 1280). In vierzig Kapiteln in Form von Maqāmen (Reimprosa mit eingestreuten Gedichten) vernehmen wir, was Pflanzen und Tiere über Gott und die Schöpfung berichten und welche moralischen Einsichten sie uns vermitteln können. Dabei ist das Buch – für sufische Texte eher außergewöhnlich – nicht ohne Humor, etwa wenn die Tiere miteinander im Streit wetteifern. So macht sich etwa die Ente über den Hahn, ihren Vorredner, lustig, der weder im Land umherstreifen noch richtig fliegen könne und deshalb auf dem Mist gelandet sei. Sie dagegen verkündet stolz: „Schau nur auf mich: / Von Liebe besessen / besitz ich zwei Welten: Wasser und Luft." Ein Vorwort, in dem Ibn Ġānim das Programm seines Buches vorstellt, erklärt den Unterschied zwischen *lisān al-qāl* und *lisān al-ḥāl*. Die zentrale Stelle lautet:[53]

> Mit wahrheitssuchendem Auge erblickte ich, / mit dem Licht gottgeschenkten Glaubens und Gelingens sah ich: / Ein jedes Geschöpf bestätigt, dass ein Schöpfer sei. / Ein jedes, mag es auch schweigen, redet in Wirklichkeit! / Gründlich erforschte ich ihre Andeutungen. / Eifrig studierte ich ihre klaren Ausdrücke. / Da erkannte ich: Ein jedes redet in zwei Sprachen: In der Sprache seines Zustands, seines Soseins. / Und in der Sprache seines Redens und Schreins. / Die stumme Sprache aber ist klarer. / Die stumme Rede ist wahrer. / Die Zunge vermittelt ihre Nachricht durch Prädikationen. / Es glaubt sie der Hörer oder er hält sie für Lüge. / Der Zustand vermittelt seine Nachricht

> durch die Wahrheitssuche des Hörers allein. / Der in der Sprache des Zustands redet: Er redet zu Leuten der mystischen Zustände. / Der in der Sprache der Laute redet: Er redet zu Leuten gesunden und kranken Herzens. / Dieses Buch: Als Dolmetscher legte ich es nieder, nutzbringende Lehren weiterzugeben. / Es lehrte mich das Vieh durch Symbole. / Es lehrte mich leblose Materie durch Winke. / Blumen redeten zu mir durch ihr Sosein. / Vögel redeten zu mir über ihre nestnahen Flüge / und fernschweifenden Züge. / So gab ich diesem Buch den Titel: „Geheimnisenthüllung worinnen zu lesen / die Weisheiten der Blumen und fliegenden Wesen“ / […] Du da, der du meine Beispiele betrachtest, der dich meine Gleichnisse erreichen: / Du bist meinesgleichen! / Du da, der dir unverständlich ist meine Rede in ihrer Ambiguität: / Du gehörst nicht zu meiner Sozietät!

Arabisch als Liturgiesprache

Zwar war den Arabern zur Zeit der Offenbarung des Korans der Gebrauch von Schrift bekannt, und tatsächlich hat die Verschriftlichung des Korans früh begonnen. Dennoch ist der Koran zunächst als Text offenbart worden, der eine primär auditive Rezeption nahelegt. Schließlich weist schon das Wort *Qur'ān* selbst auf seine Natur als Rezitationstext hin, und bis heute ist die Tradition der Koranrezitation äußerst lebendig. In den Koranwissenschaften ist ihr eine eigene Disziplin, der *taǧwīd*, gewidmet. Die Sortierung und Zusammenfügung der getrennt im Laufe mehrerer Jahrzehnte auf den Propheten gekommenen Offenbarungen zu einem systematisch angeordneten, geschriebenen Buch mag relativ früh entstanden sein, bleibt aber ihrem Wesen nach sekundär.[54]

Von Anfang an war der Koran somit ein liturgischer Text, nicht nur seiner Rezeptionspraxis nach, sondern auch in seinem von Alltagsrede ebenso wie von Dichtung unterschiedlichem Stil und seiner Form. Mit der Ausbreitung des Islams wurde dieser Charakter noch deutlicher. Wenn auch das offizielle Arabisch (im

Wesentlichen bis heute) die alten grammatikalischen Formen beibehalten hat, wich die Umgangssprache immer mehr davon ab. Es entstand eine Form der Diglossie, in der Schrifttexte der Grammatik des Klassischen Arabisch folgen, während die Muttersprache jedes Arabischsprechers ein Dialekt neuarabischen Sprachtypus ist. Erst in unserer Gegenwart löst sich dieser Gegensatz zwischen Geschriebenem und Gesprochenem zunehmend auf, weil einerseits (nicht anders als etwa in der Schweiz) in sozialen Netzwerken zunehmend Dialekt geschrieben wird, während die Internationalisierung dazu führt, dass auch in Gesprächsrunden, die medial in der gesamten arabischen Welt übertragen werden, eine dem Hocharabischen angenäherte Sprachform verwendet wird. Wie auch immer, der besondere Charakter der koranischen Rede ist davon unangetastet. Koran erscheint immer als liturgische Rede, ist durch Stil und Form und mehr noch, wenn er im spezifischen Rezitationston des *taǧwīd* vorgetragen wird, von gewöhnlicher Rede abgehoben und, auch wenn er sich selbst als „deutliche arabische Rede“ bezeichnet, einem arabischen Muttersprachler alles andere als leicht und deutlich verständlich. Dies gilt natürlich umso mehr für die große Mehrheit der Muslime, die keine arabischen Muttersprachler sind.

Liegt hier ein Problem vor, das man etwa durch Übersetzung lösen könnte? In den Kirchen, die auf die Reformation zurückgehen, hat man die Liturgiesprache abgeschafft, in der römisch-katholischen zwar nicht offiziell, aber *de facto* ebenfalls. Die heiligen Schriften werden außerhalb der theologischen Seminare ebenfalls nur noch in Übersetzungen gelesen. Oft muss sich der Islam von dieser Seite gar den Vorwurf gefallen lassen, die Menschen durch ein Verbot der Übersetzung dumm halten zu wollen (ein Vorwurf, der von Protestanten lange auch gegen die katholische Kirche gebraucht wurde).

Dieses vermeintliche Übersetzungsverbot wird auch gebraucht, um den Muslimen Reformunfähigkeit zu unterstellen. Da der

Koran ja die unerschaffene Rede Gottes sei, dürfe er weder übersetzt noch interpretiert werden.[55] Zunächst, so ist einzuwenden, verhält es sich mit der Unerschaffenheit, wie wir sahen, doch etwas komplizierter. Zum anderen ist nicht einzusehen, warum ein erschaffener Text interpretiert werden kann, ein unerschaffener dagegen nicht. Um einen Text – jeden Text – zu verstehen, muss er so oder so interpretiert werden, und die vielbändigen Korankommentare aus vielen Jahrhunderten beweisen zur Genüge, dass der Koran ständig von Anhängern aller Strömungen und Richtungen in unermüdlichem Eifer interpretiert worden ist.

Doch wie steht es mit dem Übersetzungsverbot? Tatsächlich hat es ein solches nie gegeben, jedenfalls keines, das dazu dienen sollte, den Koran dem gemeinen Volk vorzuenthalten. Vielmehr haben sich Lehrer und Prediger immer und überall darum bemüht, den Menschen die Inhalte des Korans nahezubringen. Übersetzungen, vor allem in Form von Interlinearübersetzungen, sind schon in alten Handschriften erhalten. Heute kann man in jedem Land Koranausgaben in der Landessprache erwerben. Doch die Titel sind aussagekräftig. Sie heißen nicht etwa „Der Koran, übersetzt von NN", sondern nennen sich ähnlich wie die hier verwendete Übersetzung von aṣ-Ṣāmit u. a., die den Titel trägt „Der edle Qur'ān und die Übersetzung seiner Bedeutungen in die deutsche Sprache". Damit wird deutlich, dass diese Übersetzung nicht der Korantext selbst ist, sondern eine Interpretation des Korantexts.

Jede Übersetzung bedeutet eine Reduktion, kein Mehr. Fast alle vorhandenen Koranübersetzungen zeigen zur Genüge, dass zunächst eine Reduktion der ästhetischen Dimension des Korans stattfindet, und schließlich zieht jede Übersetzung eine Bedeutungsreduktion nach sich. Gerade literarische und vor allem religiöse Texte, die einen hohen Grad an Ambiguität aufweisen, erleiden durch Übersetzung einen Bedeutungsverlust, weil sich der Übersetzer jedes Mal für eine einzige von mehreren möglichen Bedeutungen entscheiden muss, und es wird in der Regel eine der gängigen sein. Die Interpretation von *lawḥ* als „Erscheinung“ zur Lektüre für die Engel hat mithin keine Chance, jemals in einer Übersetzung aufzutauchen. Dies mag verschmerzbar sein. Wenn aber ein Text wie der Koran einer Auslegung zu unterziehen ist, um zur Herleitung juristischer Schlüsse zu gelangen, wird deutlich, in welch bedenklichem Maß eine Übersetzung den Spielraum beschneidet. Im Grunde hat der Übersetzer die Interpretation schon vollzogen, während der Jurist auf Basis des originalsprachlichen Texts zu ganz anderen Schlüssen gelangen könnte. Die Vorschrift, zu diesem Zweck nur die originalsprachliche Fassung zu verwenden, ist also kein Übersetzungsverbot und keine Schikane, sondern verdankt sich dem Bemühen, die Bedeutungsfülle und den Interpretationsspielraum des Textes zu bewahren.

Anders mag es sich mit der Verwendung des Arabischen als Liturgiesprache verhalten, wo ein solcher Nutzen nicht unmittelbar einsichtig ist. Doch vieles, was zunächst als sinnlos oder störend erscheint, kann sich doch als überaus nützlich erweisen, wie sich bei den Textvarianten und der Bedeutungsvielfalt gezeigt hat. Zunächst fällt auf, dass es nicht viele religiöse Gemeinschaften gibt, die keine Liturgiesprache haben. Oft ist die Liturgiesprache den Gläubigen von Hause aus völlig unverständlich. Das Persische der Avesta ist für Zoroastrier ebenso eine Fremdsprache wie das Koptische für koptische Christen oder das Aramäische für die Mitglieder einiger Ostkirchen. Oft sind Alltags- und Liturgiesprache näher verwandt, aber doch nicht ohne Mühe zu verstehen, etwa das Kirchenslawische den Gläubigen der Russisch-Orthodoxen Kirche. Wird in englischsprachigen Gottesdiensten die King-James-Bibel verwendet, ist, trotz guter Verstehbarkeit, der liturgiesprachliche Charakter dennoch unverkennbar. Auch Papst Paul VI. forderte noch 1965, die Sprache der in die jeweilige Volkssprache übersetzten Liturgie „sollte der Ehrfurcht gebietenden Wirklichkeit, die sie bedeutet, immer würdig sein und von der Alltagssprache der Straße und des Marktplatzes deutlich getrennt.“[56]

Die Verhältnisse im Islam decken all diese Stufen ab. Schon von Anfang an war der Koran als sprachlich herausgehobener Text und damit als verschieden von Dichtung und Alltagsprosa erkennbar. Wenn heute arabische Muttersprachler den Koran gut verstehen, so verdankt sich dies eben jenem Nutzen, der für Ibn al-Ǧazarī und az-Zamaḫšarī aus den Schwierigkeiten eines sakralen Textes erwächst: Die vermeintliche Verstehenshürde spornt zum Studium an und befeuert den Eifer, sich mit dem Text zu beschäftigen. Analoges gilt in noch verstärktem Maße für Muslime, die keine arabischen Muttersprachler sind. Als Problem ist das aber kaum je empfunden worden. Ganz im Gegenteil haben sich die Menschen Versuchen, es zu ändern, entgegengestellt. 1932 wurde in der Türkei der Gebetsruf in türkischer Sprache eingeführt, ab 1941 war die Verwendung des Arabischen strafbar, doch wurde das Gesetz schon 1950 wieder aufgehoben. Seitdem wird wieder auf Arabisch zum Gebet gerufen.

Die Allgegenwart von Liturgiesprachen und die Tatsache, dass die Gläubigen in ihren jeweiligen Religionen diese zumeist freudig und eifrig pflegen, ergibt sich aus dem Wesen von Religion. Uwe Michael Lang stellt fest: „Sprache ist das Medium, in dem wir religiöse Gedanken und Erfahrungen ausdrücken. Wir sind uns der Transzendenz des Göttlichen und zugleich seiner Gegenwart bewusst – einer Gegenwart, die sowohl real wie unbegreifbar ist", und er fährt fort, einen Gedanken Christine Mohrmanns aufgreifend, „dass jeder Glaube an eine übernatürliche Kraft, an die Existenz eines transzendenten Wesens, mit Notwendigkeit zur Ausbildung einer Sakralsprache im Gebet führe – ebenso wie ein konsequenter Säkularismus dazu führe, dass jede Art einer solchen Sprache abgelehnt wird."[57] Das Beispiel türkischer nationalistischer, säkularistischer Eiferer bestätigt Letzteres.

Gottes Sprache ist anders als die der Menschen. Trotzdem lässt sie sich in menschliche Sprache überführen. Aber auch diese göttlich-menschliche Sprache ist anders als die menschlich-menschliche. Sie benötigt deshalb auch einen eigenen Raum, um sich zu entfalten, ebenso wie überall Sakralbauten Räume schaffen, die sich von denen des Alltags unterscheiden. Auch graphisch wird dem Korantext ein eigener Raum geschaffen: Er wird in Koranmanuskripten und -drucken durch einen speziell gestalteten Rand in einen Sakralraum gestellt und von Kommentaren und anderen Zutaten abgesondert. Selbst bei Koranzitaten in einem Fließtext wird das Gotteswort zwischen Klammern einer besonderen Form gesetzt, die für nichts sonst verwendet werden dürfen. Die oben zur „wohlbewahrten Tafel" zitierte Koranstelle Q 85:21–22 zeigt ein Beispiel.

Die Kennzeichnung sakraler Sprache durch äußere Zeichen, vor allem aber dadurch, dass sie sich sprachlich von alltäglicher Sprache unterscheidet, schafft einen Sakralraum, der ihren feierlichen und ehrfurchtgebietenden Charakter unterstreicht. Er ist auch ein Rezeptionssignal, das darauf hinweist, dass alles, was sich in diesem Raum befindet, anders wahrgenommen und verstanden werden muss als dasjenige außerhalb dieses Raumes, auch wenn es noch so ähnlich erscheint. Wenn wiederum Gott anders zu den Menschen spricht als Menschen zu Menschen sprechen, ist es nur konsequent, wenn Menschen anders zu Gott sprechen als zu anderen Menschen. Sie betreten durch die Sprache der Liturgie ebenfalls einen sakralen Raum, der ihrem Sprechen einen besonderen Charakter und eine andere Wertigkeit verleiht. Es kann keine glaubensstärkende Wirkung haben, wenn dieser Raum der Sakral- und Liturgiesprache eingerissen wird.

Die Evolution hat uns einen spezifischen Sinn für die Wahrnehmung Gottes versagt. Ein Blick auf die Art und Weise, wie man im Islam mit der Undeutlichkeit umgegangen ist, die die Sprache Gottes angesichts dessen für uns Menschen haben muss, hat aber gezeigt, dass dies kein Defizit sein muss. Es kann auch eine Herausforderung und Bewährungsprobe sein, die jedenfalls, und dies ist nicht zu übersehen, nicht nur zu religiöser Vertiefung, sondern auch zu kultureller Bereicherung geführt hat. Das kann aber nur geschehen, wenn man bereit ist, die Spezifik göttlicher Rede als Bereicherung zu erfahren, ihre Ambiguitäten freudig zu akzeptieren und der gott-menschlichen und menschlich-göttlichen Kommunikation einen eigenen Raum zu gewähren, in dem sie sich in ihrer eigenen Regelhaftigkeit entfalten kann.

Anmerkungen

1 Vgl. Ina Wunn, Patrick Urban, Constantin Klein: Religionsethologie – die biologischen Wurzeln religiösen Verhaltens. In: Zeitschrift für Religionswissenschaft 22 (2014), S. 98–124.

2 Klaus Schmidt: Sie bauten die ersten Tempel. Das rätselhafte Heiligtum am Göbekli Tepe. München 2006.

3 Thomas Bauer: Warum es kein islamisches Mittelalter gab. Das Erbe der Antike und der Orient. 2. Auflage München 2019, S. 119–148; Thomas Bauer: Wann war die klassische Periode der islamischen Kultur? In: Niedergangsthesen auf dem Prüfstand / Narratives of Decline Revisited, hrsg. von Bacem Dziri und Merdan Güneş, Bern 2020, S. 159–173.

4 Yaḥyā ibn Sharaf al-Nawawī: Das Buch der vierzig Hadithe (Kitāb al-Arbaʿīn) mit dem Kommentar von Ibn Daqīq al-ʿĪd. Aus dem Arabischen übersetzt und herausgegeben von Marco Schöller. Frankfurt a.M. und Leipzig 2007, S. 31.

5 Vgl. A.J. Arberry: The Divine Colloquy in Islam. In: Bulletin of the John Rylands Library 39 (1956–1957), S. 18–44, hier S. 18.

6 Vgl. Q 2:97–98 und Art. Djbrāʾīl (J. Pedersen). In: The Encyclopaedia of Islam. 2. Auflage. Leiden 1954–2004, Bd. 2, S. 362–364.

7 Zu den *Isrāʾīliyyāt* vgl. Shari L. Lowin: Isrāʾīliyyāt. In: The Encyclopaedia of Islam Three, hrsg. von Kate Fleet u. a., Leiden 2007ff., 2019–3, S. 49–53.

8 Vgl. Martin Bauschke: Der Sohn Marias. Jesus im Koran. Darmstadt 2013; Mouhanad Khorchide, Klaus von Stosch: Der andere Prophet. Jesus im Koran. Freiburg i.Br. 2018.

9 Zu *ḫātam an-nabiyyīn* vgl. Hans Zirker: Der Koran. Zugänge und Lesarten. 2. Auflage Darmstadt 2012, S. 56–57 mit weiteren Verweisen.

10 Tilmann Nagel: Geschichte der islamischen Theologie. Von Mohammed bis zur Gegenwart. München 1994, S. 87.

11 Ebd.

12 Aḥmad ibn Ḥanbal, zit. nach Nagel: Islamische Theologie, S. 128.

13 Eine knappe Einführung bietet Lutz Berger: Islamische Theologie. Wien 2010.

14 Nützliche Übersetzungen bieten A.J. Wensinck: The Muslim Creed. Its Genesis and Historical Development. Cambridge 1932, Richard Hartmann: Die Religion des Islam. Berlin 1944, Nachdruck Darmstadt 1987 und William Montgomery Watt: Islamic Creeds. A Selection. Edinburgh 1994.

15 Ǧamāladdīn Aḥmad al-Ġaznawī: Kitāb Uṣūl ad-dīn. Ed. ʿUmar Wafīq ad-Dāʿūq. Beirut 1998, S. 100–105.

16 Heute hat dieses Thema politische Brisanz gewonnen. In Malaysia wurde Christen verboten, Gott „Allah“ zu nennen, was arabische und maltesische Christen ganz selbstverständlich tun. Im deutschsprachigen Raum diskutieren Muslime, ob sie das deutsche Wort „Gott“ verwenden können, oder ob das ein anderer Gott als Allah ist.

17 John D. Caputo: In Praise of Ambiguity. In: Craig J.N. de Paulo u.a. (Hg.): Ambiguity in the Western Mind. New York 2005, S. 15–34, hier S. 15.

18 Vgl. hierzu und zum Folgenden Thomas Bauer: Die Kultur der Ambiguität: eine andere Geschichte des Islams. 7. Auflage Berlin 2021.

19 Vgl. Frank Rexroth: Fröhliche Scholastik. Die Wissenschaftsrevolution des Mittelalters. München 2018.

20 So der Titel eines Buches von Hillard von Thiessen: Das Zeitalter der Ambiguität. Vom Umgang mit Werten und Normen in der Frühen Neuzeit. Köln 2021.

21 Johan Huizinga: Homo ludens. Vom Ursprung der Kultur im Spiel. Reinbek bei Hamburg 1987, S. 208.

22 Vgl. Thomas Bauer: Die Vereindeutigung der Welt. Über den Verlust an Mehrdeutigkeit und Vielfalt. Ditzingen 2018.

23 Dies und das Folgende aus bzw. nach Thomas Bauer: Auf der Suche nach Eindeutigkeit. Wie die Flucht vor Ambiguität Religion und Kultur verändert. In: Martin Dürnberger (Hg.): Die Komplexität der Welt und die Sehnsucht nach Einfachheit. Innsbruck 2019, S. 51–69.

24 Vgl. Bauer: Kultur der Ambiguität, S. 61–114.

25 Zur Geschichte der arabischen Schrift vgl. Beatrice Gruendler: The Development of the Arabic Scripts. From the Nabatean Era to the First Islamic Century According to Dated Texts. Atlanta 1993.

26 Šamsaddīn Muḥammad Ibn al-Ǧazarī: an-Našr fī l-qira'āt al-'ašr, hg. v. 'Alī Muḥammad aḍ-Ḍabbā', 2 Bde., Beirut o. J. (ca. 1980), Bd. 1, S. 7, hier zitiert in der Übersetzung Bauer: Kultur der Ambiguität, S. 75.

27 Ausführlicher Bauer: Kultur der Ambiguität, S. 91–93.

28 Vgl. Navid Kermani: Gott ist schön. Das ästhetische Erleben des Koran. München 2000, bes. Kap. III.

29 Interessant ist hier eine Bemerkung von Ludwig Wintersig zu Mt 28:15, der in einer Anmerkung in geradezu Ibn al-Ǧazarīscher Weise schreibt: „Die Ereignisse, die das leere Grab zum Mittelpunkt haben, werden von den vier Evangelisten in manchen Einzelheiten verschieden erzählt. Sie stimmen aber alle darin überein, dass das Grab offen war, dass Jesus als Auferstandener den Seinen mehrmals erschienen ist (…). Hätten die Evangelisten die Auferstehungsberichte fälschen wollen, so hätten sie auf völlige Gleichheit aller Berichte achten müssen: die Verschiedenheit in den Einzelheiten und die Übereinstimmung im Wesentlichen sind ein Zeichen für die Echtheit der Berichte." (Das Neue Testament. Lateinischer Text der Vulgata. Deutsche Übersetzung von Joseph Franz von Allioli (sprachlich bearbeitet). Bonn 2013, S. 104–105).

30 Zu Versuchen, die Vulgata zu „korrigieren", vgl. Rodrigo H. Kahl: Die liturgischen Psalmen der lateinischen Kirche. Kulmbach 2021, S. XXIX–XXXI.

31 Schon die Zählung der Psalmen ist, legt man die üblichen philologischen Werkzeuge an, im Hebräischen sekundär, da – im Hebräischen – die Psalmen 9 und 10 zusammen ein Akrostichon bilden, was nur sinnvoll ist, wenn es sich um einen einzigen Text handelt. In Septuaginta und Vulgata, wo der Text sprachbedingt kein Akrostichon mehr ist, wurde die Einheit des Psalms bewahrt. Dennoch folgt die katholische Kirche heute der unbefriedigenden Psalmzählung der hebräischen Bibel.

32 Ausführlich Bauer: Kultur der Ambiguität, S. 115–142.

33 Ibn al-Ǧazarī: Našr Bd. 1, S. 5, hier zitiert in der Übersetzung Bauer: Kultur der Ambiguität, S. 116.

34 In einigen neuen, vom Ursprungsgedanken abgelösten Deutungen des *sensus fidelium* und der „Zeichen der Zeit" beginnt *ittibā' al-hawā* auch in Teilen der katholischen Kirche um sich zu greifen.

35 Im Folgenden sollen zwei Koranübersetzungen herangezogen werden, nämlich 'Abdullāh aṣ-Ṣāmit, Frank Bubenheim, Nadeem Elyas: Der edle Qur'ān und die

Übersetzung seiner Bedeutungen in die deutsche Sprache, Medina 2002 und Hans Zirker (Üb.): Der Koran, Darmstadt 2007.

36 Das Folgende nach ʿAlī ibn Muḥammad ibn Ḥabīb al-Māwardī: an-Nukat wa-l-ʿuyūn. Tafsīr al-Māwardī, hg. v. ʿAbdalmaqṣūd ibn ʿAbdarraḥīm, 6 Bde., Beirut o. J., Bd. 6, S. 244, Abū l-Qāsim Maḥmūd az-Zamaḫšarī: al-Kaššāf ʿan ḥaqāʾiq ġawāmiḍ at-tanzīl wa-ʿuyūn al-aqāwīl fī wuǧūh at-taʾwīl. Ed. ʿĀdil Aḥmad ʿAbdalmawǧūd, ʿAlī Muḥammad Muʿawwaḍ. 6 Bde. Riyāḍ 1998, Bd. 6, S. 351.

37 al-Māwardī: Nukat Bd. 5, S. 215.

38 az-Zamaḫšarī: Kaššāf Bd. 5, S. 424.

39 al-Māwardī: Nukat Bd. 1, S. 369–370.

40 az-Zamaḫšarī: Kaššāf Bd. 1, S. 527–529.

41 Vgl. Thomas Bauer: Altarabische Dichtkunst. Eine Untersuchung ihrer Struktur und Entwicklung am Beispiel der Onagerepisode, 2 Bde., Wiesbaden 1992.

42 Vgl. Angelika Neuwirth: Das islamische Dogma der „Unnachahmlichkeit des Korans" in literaturwissenschaftlicher Sicht. In: Der Islam. 60 (1983), S. 166–183."

43 Friedrich Rückert: Der Koran in der Übersetzung von Friedrich Rückert. Hg. von Hartmut Bobzin mit erklärenden Anmerkungen von Wolfdietrich Fischer. Würzburg 1995.

44 Vgl. Thomas Bauer: The Relevance of Early Arabic Poetry for Qurʾanic Studies. In: Angelika Neuwirth u. a. (Hg.): The Qurʾān in Context. Historical and Literary Investigations into the Qurʾānic Milieu. Leiden 2010, S. 699–732.

45 Vgl. Thomas Bauer: Rhetorik: Arabische Kultur. In: Rhetorik: Begriff – Geschichte – Internationalität, hg. von Gert Ueding, Tübingen 2005, S. 283–300.

46 Udo Simon: Mittelalterliche arabische Sprachbetrachtung zwischen Grammatik und Rhetorik. ʿIlm al-maʿānī bei as-Sakkākī, Heidelberg 1993.

47 Vielleicht ist es kein Zufall, dass einige der bedeutendsten westlichen Erforscher der islamischen Mystik katholische Priester waren. Es seien nur der Spanier Miguel Asín Palacios (1871–1944), der Franzose Louis Massignon (1883–1962) und der Deutsche Richard Gramlich (1925–2006) genannt.

48 Hierzu ausführlich Arberry: The Divine Colloquy.

49 Richard Gramlich: Das Sendschreiben al-Qušayrīs über das Sufitum. Wiesbaden 1989, S. 140.

50 Ebd., S. 523.

51 Ebd., S. 522. Zu Träumen allgemein (und nicht nur, wie der Titel suggeriert, über diejenigen der Kalifen) vgl. Schimmel: Die Träume des Kalifen. Träume und ihre Deutung in der islamischen Kultur. München 1998; zu Erscheinungen des Propheten im Traum vgl. S. 230–259.

52 Hellmut Ritter: Das Meer der Seele. Mensch, Welt und Gott in den Geschichten des Farīduddīn ʿAṭṭār. Leiden 1955, S. 21.

53 ʿIzzaddīn Ibn Ġānim al-Maqdisī: Kašf al-asrār fī ḥikam aṭ-ṭuyūr wa-l-azhār. Ed. ʿAlāʾ ʿAbdalwahhāb Muḥammad. Kairo 1995, S. 43–44; für den Versuch einer poetisierenden Übersetzung bekenne ich mich schuldig.

54 Ausführlich dazu Kermani: Gott ist schön.

55 Vgl. dazu Bauer: Kultur der Ambiguität, S. 137–142.

56 Zit nach Uwe Michael Lang: Die Stimme der betenden Kirche. Überlegungen zur Sprache der Liturgie. Freiburg i. Br. 2012, S. 203.

57 Lang: Stimme der betenden Kirche, S. 56–57.